跌跌撞撞精彩人生

趙銀環的生命見證

WITNESS OF LIFE

作者／趙銀環（口述）；林運鴻（執筆）
文字編輯／楊傑銘
排版／NICO小娟；設計／莊育昇

目錄

CHAPTER 6 退休旅歷 …… 175

為銀環宗長認真努力而充實的人生喝彩

趙守博

趙銀環宗長與我不但是同宗，而且又是同為彰化縣人，他來自秀水鄉，而我則是鹿港鎮出身，兩地相距不遠而隔鄰。我認識他已有三十多年。在我印象中，他在創業時，為開拓業務並行銷產品，經常一個人拎著一個手提箱，在世界各地參展或奔走，是一個典型的台灣中小企業業者，對國家經濟與社會發展貢獻良多。

記得我在台灣省政府社會處擔任處長時，輔導社團是我工作項目之一，有鑑於彰化縣趙姓人士很多，因此，特別鼓勵趙鴻輝先生在彰化縣成立一個趙姓宗親會，以服務和聯繫宗親。在趙鴻輝先生努力奔走下，終於在民國七十六年九月成立；也因而有機會與趙銀環宗長認識。十二年後，趙銀環先生高票當選彰化縣趙姓宗親會第五屆理事長，就在他任內，「世界趙族宗親第三屆懇親大會」，經我選定在家鄉彰化鹿港召開，承他與當時之彰化縣趙姓宗親會的理監事宗長們諸多相助，使大會圓滿成功，我甚為感謝，所以，彰化縣趙姓宗親會如有活動，一直到現在，如我時間許可，我都會參加。

日前銀環宗長告訴我，他準備將他的一生及創業艱辛，寫一本書，與親友分享，並激勵年輕人奮發向上，要我為他寫一序文，因而，得有機會先睹其文稿內容。始知他在國中畢業後，曾在屏東當過汽車材料行當學徒，民國六十三年開始自行創業，先從事汽車腳踏墊加工開始，其後又曾專營進口汽車、汽車防鏽工作室等，隨著經濟發展與社會之改變，他乃於民國八十五年正式成立「高仕汽車精品股份有限公司」，事業也就此穩定發展。另為開拓大陸市場，他分別於 2001 年在浙江餘姚設廠及 2002 年在上海設銷售公司；值得特別一提的是，他所創事業都與他第一次接觸的工作有關，也就是不忘初心，找他自己所熟悉領域，不斷奮進，才有今日的事業成就。

他在年輕時有一段日子曾對從政參與政治有興趣，之後隨年齡增長乃專心於事業，在事業奠立有一些基礎時，也開始熱心參與社會和宗親服務，先後擔任花壇愛心慈善會會長、花壇國際獅子會會長、彰化縣趙姓宗親會理事長，現為中華趙族宗親總會第四屆理事長，在每一職位上，他都出錢出力，慷慨解囊；可以看出他也是一位極有愛心、熱心服務和關懷社會的人。一個人的成功絕非偶然，必會經過許多淬練與挫折，關鍵是如何面對問題並解決問題，其中取捨更要有智慧和決心，在《跌跌撞撞　精彩人生》一書中，相信讀者可以從趙銀環先生的經驗中得到以下一些做人做事的啟發及經驗：人生道路有無限可能；善用換位思考；不要自以為是，謙卑傾聽別人忠告；一次只做一件事、不可空口說白話；每次的挫折都是成功能量的累積；付出就是成長等等，這些都值得有志創業者學習和參考。另外，在該書中也呈現了銀環宗長的毅力、膽識、勇氣和人格特質。可以說，銀環宗長的一生，是認真努力和充實的一生，值得喝采。

目前他事業已交由其公子接棒，正在享受含飴弄孫之樂。他撰成專書將他生命的體悟和經驗，與親友及擬創業的年輕朋友分享，實在非常難得，特在此一專書即將付梓之前，寫下數語以為其序言，並推介各界人士友好閱讀，同時祝福他健康快樂，家庭幸福美滿，心想事成。

〈趙守博先生為中華趙族宗親總會創會理事長，曾任台灣省政府新聞處長和社會處長、行政院勞工委員會主任委員、行政院秘書長、行政院政務委員、台灣省政府主席及總統府資政等職〉。

董事長　趙守博

推薦序

趙宗冠

趙銀環理事長在《跌跌撞撞　精彩人生　趙銀環生命見證》初稿完成，付梓之前要我為之序。既是緊鄰親同，也是師生之誼，二百多頁厚厚的初稿及兩面精緻扇子，我因年紀大、字體太小閱讀很吃力（於是他還很貼心的用放大版給我）的看完，想到如果編成電視劇一定是收視率最高的浪漫文藝片，其中沒有打打殺殺、沒有哭哭鬧鬧，與劉妙芳小姐純乃精誠所至金石為開的天作之合戀愛史。再者，是事業的奮鬥史以及以公益事業貢獻於社會，最後隻身遊三山五嶽更當背包客遊遍南歐的美術館、博物館、山水及民情風俗等，是一般人的夢想而他實現了。

趙銀環理事長是彰化縣秀水鄉金興村趙厝的族親，他雙親寢室的窗子開在我家後院，因此他的出生，我捷耳先聞，分享到「栖燈的妻子阿差（猜）生了」，趙厝族親都分享到這份喜悅。趙厝十幾戶人家，論輩無論歲，至於娶來的媳婦們要跟著丈夫或跟著兒女稱呼，是各自決定的，銀環的雙親都按古禮稱呼我們家人，其父栖燈雖是農家，但白天好像跟花壇街上親戚「阿森」

合夥開飼料行，是位殷實的商人也是踏實的農家。印象中似乎農事都是操持家務的阿差（猜）在做的，她是標準的賢妻良母，很有禮貌，對於我這緊鄰的親同小孩也是「叔公長、叔公短」的叫。我從來沒聽她罵過小孩的話或打小孩的事。銀環從小時候，我就對他印象深刻，是位白胖胖很乖很有禮貌在嚴父慈母及和樂家庭長大的小孩，就如他所陳述，鄉村家庭生活就是如此。在他初三之後，我考入中山醫學院，就努力於醫學及美術，他也忙於為事業奮鬥打拚，有點成就時也不忘為故鄉做了「往趙厝」的招牌，我看了很高興，他是一位沒有忘本飲水思源的好人中的好人。

之前，他曾告訴我要出版一本自傳式的書，要我寫序，果然他真的拿初稿來給我看，一看資料，讓我感動極了，諺云：「有狀元學生，無狀元老師」在這裡應驗了，我高興有如此的狀元學生。

一個人的成功絕非偶然，我們常只看到他成功的一面而忽略他背後的奮鬥，如今，銀環理事長把他跌跌撞撞的一面，越挫越勇不畏艱難、不怕失敗的一面也寫出來，正是鼓勵不如意者，化挫折為力量才能有精彩的人生。他很多事業都從零開始創業後拓展到國際，如在故居時客廳即工廠，大量生產製造汽車配件及出口，進而到浙江餘姚設廠，創辦「國際工業社」；另又在上海設立公司，因為上海之商家心態與無法長期待在上海，導致公司營運業績一直沒有明顯起色，於是決定把上海的銷售結束營運，這也算是一次明智的抉擇。在數次遇到不可抗力的挫折時，能突破困境而終獲成功，這要靠其堅韌的毅力與超人的智慧，自助者天助之，善人自有貴人相助。

他以非英語系的台灣人，在古稀之年，能以背包客的方式，獨訪南歐33天，只用了9萬5千元以及用七天時間完成登五嶽之壯舉，可能前無古人後無來者。

我趙族之人，以有宋太祖趙匡胤的 DNA 為榮，宋太祖最為人津津樂道的是由基層推舉而來，「黃袍加身」正符合目前的民主選舉制度。宋太祖得天下之後，榮華富貴與眾功臣分享，以「杯酒釋兵權」代替一般帝王狡兔死而走狗烹的殺戮功臣方法，我中華趙族 1200 萬人，也以有此先祖為榮。趙守博宗長為發揚宋太祖之睿智聯誼及團結趙族宗親，而被推舉為中華趙族宗親總會創會理事長並連任第二屆，守博宗長榮任省主席，而後精省、廢省，與當年宋太祖的「黃袍加身」後「杯酒釋兵權」，有異曲同工之妙，看似輕鬆，但均極為艱巨的任務他皆達成了，之後更何其縝密地完成後繼人選，使趙族能永續綿延，發光發熱於寰宇。第三屆為前監察院委員趙昌平宗長，如今第四屆理事長為趙銀環宗長所榮獲，在疫情猖獗以來，百業待甦，將此勵志之書廣分發於全世界我趙族宗親，共同為美好的世界、幸福精彩的人生而努力。

他在事業巔峰時能放下心，勇敢地隻身登三山五嶽及遊南歐，進而投身於公益活動，從事取之於社會貢獻於社會的社團活動，而有燦爛精彩的人生。

他的這本書也很適合要進入創業者的圭臬，所以我建議教育部或各級學校，將此勵志之書推薦給學生，列為重要研習教材，則學生幸甚，學校幸甚，社會國家幸甚。

〈趙宗冠曾任小學、中學、大學之老師〉

自序

有一次，我到崇實高工分享，那一次分享題目是「跌跌撞撞」。我看著台下的年輕學生，就詢問大家：「在家沒有偷拿家長印章蓋過成績單的，請舉手，讓我知道一下好嗎？然後，到現在還不怕考試的人，分數考得差也不會在意的人，也請舉手。」台下紛紛微笑，顯然大家都有類似經驗。我會這麼問是因為，我是個很不喜歡讀書的人，然而正因為我本身不愛讀書，所以面對這群不愛讀書的同學，反而更能夠感同身受他們的內心。到了學期結束，學校做了一份學期演講分享調查表，問學生這個學期最喜歡那次演講？那個學期包含我在內總共有五次演講分享，結果一共有40％的學生最喜歡其他四次演講分享，但是我那一次，則獨佔了60％支持率，看來大家對我演講內容印象深刻，感謝崇實高工學生對我的肯定。

人生不是只有讀書，在我看來，更重要的是實踐、是行動。有些讀書成績不理想的孩子，絕不代表他的能力不好，有些人還沒有成功，只是還沒找到他真正感興趣的事物。人生本來就是跌跌撞撞，跌跌撞撞其實是一種能量的累積，當你累積足夠的能量，你自然就會成功。在這本書中，我把過去幾十年來跌跌撞撞的各種事情記錄下來，提供給年輕人作參考，相信多少會有所幫助。其實，我個人認為，凡走過必留下痕跡，只有透過實踐才會有結果，坐在原地，用想的跟用感覺的都是空虛的，不會有任何結果。人生就是實踐人生。

如果要我簡單總結這輩子的精彩旅程，那麼我會歸納為八個字：「勤於提問、勇於面對」。回想往事，過去遇到困難的時候，我常常會求神拜佛。但是我的「求神拜佛」有點特別，不是真的跑去燒香問卜，反而是去請教師長朋友、詢問有實務經驗的人，讓他們給我意見，我再去做總結，最後付諸行動。但更重要的是，不可顧忌失敗跟挫折，因為任何問題都沒有完美的答案，不過只要勇於面對，努力實踐，那麼在處理困境的當下，就會獲得最寶貴的經驗跟教訓——「經驗」就會是下一次挑戰出現時，我們手上最鋒利的武器。不管再好的想法、再好的計畫，如果猶豫不決不去做，那都只是空白。

相信任何人到了我的年紀，最後都會領悟到，人的生命其實很有限也很短暫，所以生命的意義，就在於勇敢逐夢、追求心中的理想、做自己渴望的事情，世界上最大的力量莫過於夢想。很多朋友都說：「我看你好像都不會老！永遠這麼有活力！」其實，我只有一個訣竅：當你手上的目標，來自於心內的最深渴望，那麼你就會全力以赴、充滿熱情。有熱情就會產生更多興趣、有興趣就會激發更多動力——這種正面循環，就會帶給我們義無反顧的生命態度，只要是為了夢想，我們一定會嚴格地督促自己不斷向上，千方百計也要達成最後的目標，摘下夢想的果實。

當然還有許許多多想法，在這篇短序裡面，我無法說盡。不過，我是這樣想的，只要我把這些經過歲月考驗的切身經驗，一一形諸筆墨，那麼這本回憶錄就是一份「如何面對問題」的筆記，相信年輕人讀了，也會從我的生命故事裡面獲得一些有用的啟示。

我今年七十五歲，有時也會想，如果人生真的可以重來，讓我回到少年二、三十歲的時候，那麼面對當時的許多抉擇，我是不是會比當初更勇敢、更有冒險精神，去嘗試新的事物、開拓未知的版圖——但是畢竟時光不可能倒流，而且，也就是過往的種種，才能造就了今天的我。從另一方面來說，如果我寫下的經驗和回憶，通過這本書，成為青年朋友面對挑戰的養分，那麼雖然我沒有辦法回到過去，但是年輕人所要開創的嶄新未來，卻會因為我的建議和忠告，而有了更美好的結果。這便是我起心動念，寫下這本書的初衷。我相信，凡走過必有痕跡，人生道路也是有無限可能。我的人生雖非驚心動魄，但也算是跌跌撞撞，相信可以幫助讀者，少走許多冤枉路，抵達美好幸福的人生境界。

最後，關於這本書，還有我的人生，我想要在此特別感謝幾位，在我生命中至關重要的人。

首先當然是我的太太劉妙芳。感謝上帝對我的厚愛，是上帝送給我的天使，所以才讓我遇見了一位美麗、聰明、善良又無比體貼的妻子。在我事業起步時，是妙芳跟我一起胼手胝足熬過各種難關。在我事業小有成就之後，也是妙芳操持家庭、照顧長輩子女，讓我沒有後顧之憂，可以繼續向著目標全力衝刺。有時在馬路上看到陌生長者獨行，每次妙芳都會要我停下車子，順便送老人一程；或者是我們夫妻倆經過醫院，妙芳想起我母親住院時的辛苦，也都會雙眼含淚、心懷不捨。妙芳對於社區鄰里、對於家

庭子女的愛與付出，我常常自愧不如。沒有任何語言可以表達我對她的情意和感激，只能在這裡再說一次：「親愛的妙芳，謝謝妳，我的最佳人生夥伴！」

另外，我還要感謝我的雙親。我的父親趙栖燈，總是以身作則，讓我明白待人接物的道理。父親總是叮嚀我，腳踏實地、虛懷若谷的重要性，也期許我不能心存貪念，最重要的便是與人為善、胸懷寬大。這些教誨，我一輩子都緊緊牢記，也受用無窮。我的母親趙阿差，是一位身教大於言教的母親，她用傳統農村婦女的美德將我拉拔長大，慷慨地給與孩子無限的包容、無限的母愛。記得我的幾個子女出生後，年幼的孫子孫女如果肚子餓，不管時間多晚，母親都還會下廚煮宵夜，因為兒孫臉上滿足的笑容，就是她的最大心願。母親為我們趙家付出了一輩子，這種恩情真不知道能如何報答。

最後，我還要特別感謝前台灣省省主席——趙守博先生，他不但與我同宗又是我極為尊敬的宗長。我和守博宗長，有緣相識是在他擔任台灣省政府社會處長時，之後，他擔任行政院勞工委員會主任委員、行政院祕書長或台灣省省政府主席等職，多年來承他不棄，都有保持聯繫。當我遇到困難或問題，就向他請教或請他幫忙時，他從未推辭，我一直銘感在心。

民國108年5月底，我突然接到守博宗長電話，他希望我能接任中華趙族宗親總會理事長，為宗親服務。我當時雖感到受寵若驚，但我自己知道斤兩，但我也不知該如何拒絕？因為，他從來沒有拜託過我，另外，事業已交兒輩接班，並另有生涯規劃，最後在家人諒解與支持後，我決定慨然應允。因過去我曾經受過守博宗長很多幫忙，也在他身邊學習到很多經驗，我就全力以赴，果然又讓我視野更加寬廣，更學到很多寶貴心得，豐富了晚年的歲月。

至於趙炳南先生，是當年守博就任省長時，趙炳南先生就是省府的副祕書長，可說是飽經歷練的行政長才。在我接任宗親會長後，趙炳南先生願意來擔任祕書長，許多會務都依靠他的老練經驗和高明手腕，最後圓滿達成。而他身上那種博學多聞的氣質、謙卑勤勉的人格，更是惠我良多。回顧前塵往事，我深深感謝這兩位亦師亦友的高人，是你們豐富了我的晚年。

我本來是一個普通的農家子弟，但是因緣際會，打拼了一點事業，也有幸參與公益付出。我沒有別的訣竅，其實就是不放過每一次學習的機會、不屈服於每一次生命的挑戰。在這本書中，我把生命中遭遇到的難題，忠實的記錄下來，獻給所有感興趣的朋友。

最後我想要勉勵所有的讀者：人生難免起起伏伏，但是正因為遭遇挫折，才需要更多堅持。其實，挫折也是能量來源，每當我遇到挫折，都反而激發起我的鬥志，一種不服輸的好勝心、要把事情做到更好的執念，從長遠來看，其實是上帝賜給每個人最珍貴的禮物：在挫折中學習，在學習後成長，我們就會變成一個日新又新、更善良更美好的人。

彰化縣趙姓宗親會與趙家堡主任委員留影

夾馬是洛陽的夾馬營，也是趙匡胤的誕生地，傳芳是指祖德傳到後世

臺灣彰化趙姓宗親會，由理事長趙銀環與泉州橋頭下營趙厝祭拜祖先

彰化趙銘琴與泉州趙家老菩薩合影

CHAPTER 1
真與誠

善用換位思考，拆解手上難題

童年時有件趣事，讓我印象很深，也反映我的性格和人生哲學。記得八、九歲的時候，有一次，我跟著朋友們一起去花壇鄉的戲院看戲。那天風和日麗，人潮很多很熱鬧。剛好戲院的門口有位生意人，擺了一個遊戲攤子，大聲招客：「來喔，挑戰割紙圈，挑戰成功，獎品就是一包香菸喔！」這個遊戲攤子的規則是，攤位上擺放一個ㄇ字型

初中時代的趙銀環

的道具支架，上方柱子懸著一圈圓環狀的紙圈，只要使用攤位上的剃刀，把紙圈「一刀」割成兩條紙條，就可以獲得一包香菸，當作獎勵。那個年代娛樂不多，這類遊戲攤位是為數不多的消遣之一，因此在假日的時候，這類攤子相當受到民眾的歡迎，因為它的獎品也算相當豐厚，所以對於當時的我很有吸引力。

那天有許多人在攤位前排隊，玩這個割紙圈的遊戲，但是我發現大家似乎不得要領，一直都沒有人成功。我在那裡想了很久，為什麼站在裡面的老闆，每一次割紙，都能夠輕鬆割斷？但是如果客人站在

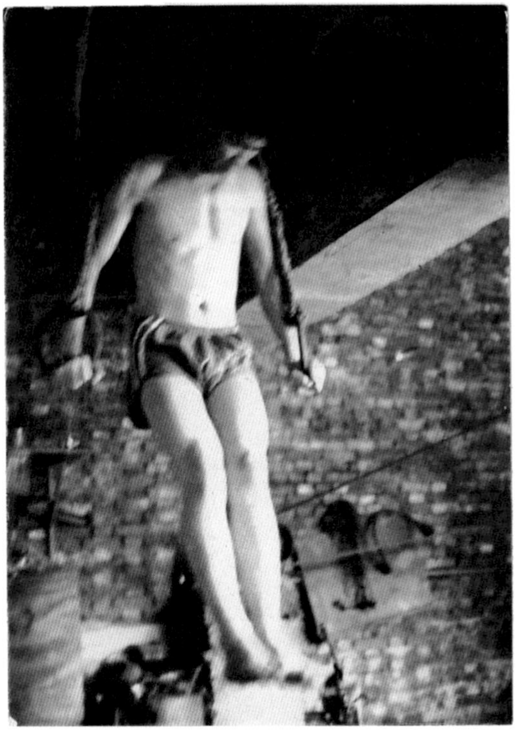

童年自我鍛鍊身體

外面，就割不斷？思考了一會，我決定從老闆的角度換位思考，然後就發現，如果圓圈垂下來的外面那張紙片疊在下面，就會割不斷。因為老闆是站在裡面，所以他的紙片總是疊在外面紙片的上方，當然每一次都割斷。後來輪到我時，我就把紙片重新疊過，把本來在下方的外面紙片，移到上面。所以我連續玩了四次，都把紙圈割成兩段，順利拿到了四包香菸的獎品。當第五次我要繼續割紙圈的時候，老闆發現我已經懂得這個遊戲的祕密，就不讓我再割紙圈了。就說：「好了好了，換下一個人，你要是再玩，獎品都會被你拿走。」

其中有一位叔叔看到我這麼會玩，就到店裡告訴我的父親，叔叔說：「大頭仔（我小時候的外號）很聰明，別人都割不斷，但是他連割四次都被他割斷，還贏了四包香菸。」說起來這遊戲也有點賭博性質，父親很討厭賭博，我當時心中還是有點害怕父親的責罵。

為什麼別人玩這個遊戲都失敗，我卻連續成功四次？我的個性受爸爸影響，如果遇到別人都不能克服的難題，我反而更要去思考跟嘗試，沒有破解誓不罷休。我總是相信，只要仔細觀察，小心求證，不管任何問題，一定都有克服的辦法。那天在攤位前，我也是很仔細去觀察排隊在前面的那些顧客，然後去思考大家為什麼失敗？訣竅是什麼？老闆又安排了什麼機關？後來我注意到，只要讓紙圈的兩邊都垂下來、疊在一起，再讓刀子從紙片重疊的地方割下去，紙圈就會斷成兩截，而不是斷成一條長型紙條！這種「觀察入微、設身處地」的方法，可以說是我面對困難的時候，從小就養成的一種習慣。

每一次我想起這件兒時往事，也會對照生命不同階段中遇到的各種難題。其實，我的訣竅無他，都不外乎：仔細觀察、大膽假設、小心求證，這三個原則就是我面對困難的最大武器。

有時候我們之所以會被難關困住，是因為常常陷於自我本位，只從自己的角度、自己的位置來回應，這種做法其實是一廂情願，誤以為世界會按照我們的期望來運行。就很像當年去玩割紙圈遊戲的其他客人，他們站在攤位的外面，所以完全沒有注意到老闆安排的「詭計」，外面那張紙片在遊戲者的上方或下方，會影響到最後結果是否成功。但是只要我們願意動動腦袋，想像自己是老闆，「我要怎麼樣讓客人看見我把紙圈割斷，但是等到他們自己動手時，卻發現沒有這麼簡單？」如果從這樣的角度來思考，就能夠主客易位，成功破解對方的陣勢。

所以，人生中雖然難免遇到形形色色的挑戰、困難，但是這些問題，我們不能夠只憑著一股衝動，盲目橫衝直撞，想要用蠻力來克服。如果要問我的人生經驗，可以給年輕朋友什麼幫助，那麼我會說，平常多多培養觀察力、同理心，面對其他人的時候練習所謂「換位思考」，在碰到挫折的時候先停一停，仔細觀察情勢，猜測對手的心思，站在對方的立場來想事情，揣測他的心情和盤算——這類做法常常會帶來出其不意的效果，可以讓我們在關鍵時刻反將對方一軍！

不要自以為是，用心傾聽別人忠告

在西元 2001 年，我剛去大陸發展，在寧波設立自己的工廠，曾經發生過這樣的一件事。

有一次，我在飛機上與同為台商的朋友聊天。這位朋友比我先到寧波好幾年，算是輕車熟路了，他好心提醒我：「在大陸生活，真的要小心一點。在日常排隊的時候，如果你前面的人往後退，後面的人往前擠，那就要提高警覺了，這是扒手常常使用的一種手法。」當時我聽到朋友的好心叮嚀，雖然滿口回答說：「我一定會注意。」但其實我在心裡卻想：「我來大陸做生意也好一陣子，都往返十幾次了，也算是半個『中國通』、老經驗了，怎麼還會上這種當呢？」

沒有想到，飛機上的這場對話發生之後，我就因為自己的過度自信，而付出了慘痛代價。有一天，我從工廠去市區找廠商談生意，在會談結束以後，我叫了一輛人力三輪車，要到公車站去坐大陸的「公交車」（就是台灣的公車）回到餘姚廠區。正要上公車時，我突然發現手機不在身上，嚇了一跳。在當時，手機技術沒有現在發達，普遍比較笨重，也算是貴重物品。而我當時使用的是一隻在台灣購入，要價新台幣一萬五千塊的西門子手機，還附有一個皮套，皮套上有強力磁扣。當時我很納悶，明明剛才還在人力三輪車上跟客戶講電話，我向來也不是一個粗心大意的人，怎麼沒過幾分鐘，手機就不見了呢？

於是我趕忙下車，拜託車站的站務人員幫我廣播，我告訴站務員：「如果有人在車站撿到我的手機，我會致贈兩百塊人民幣薄酬，聊表感謝之意。」

沒想到的是，站務人員卻表情微妙，看起來卻不太樂意。他遲疑了一下，回答我說：「這個應該是被人家偷走了，廣播也找不回來。」——這時我

浙江寧波余姚設廠

才想起，剛剛在買公車票的時候，排在前面跟後面的兩個人，不知為何向我越靠越近，讓我有些不自在。那時我還很奇怪，怎麼在大陸常常遇到這類缺乏禮貌修養的人，只是買個車票，也要這樣擠來擠去，不懂得尊重別人的身體界線。原來，他們不是沒禮貌，這兩個人正是朋友鄭重警告過我的扒手集團，就在排隊買票的當下，趁我疏忽的時候把行動電話給偷走了。

回到工廠後，我當然有點懊惱。廠長林文彬聽我說完行動電話被偷走的遭遇以後，就跟我分享他之前的經驗。林文彬告訴我說：「董事長啊，在大陸生活，怪事真的很多！有一天晚上，我一個人留在警衛室裡休息，正在昏昏沉沉快要睡著的時候。我聽到怪聲音，抬頭一看，警衛室的窗戶忽然自動打開，還從外面伸進一根長長的竹竿。我整個人嚇了一跳！這時候，我看到竹竿上面沾有像是蒼蠅紙上的黏膠，在我的辦公桌上東碰西碰，打算要把我的手機黏起來整個帶走。當下我除了驚訝，還感到有點荒謬，想一想才明白過來，應該是外面有個小偷，他拿這根帶有黏性的竹竿當作工具，打算從桌子上把值錢的東西黏起來偷走。」林文彬還跟我說，因為很多大陸人自己買不起手機，所以他們會覬覦比較有錢的台灣人，找到機會就手腳不乾淨，偷偷拿走值錢的東西。

聽完廠長的故事，我拍拍他肩膀，真是哭笑不得，沒想到大陸這個地方的治安竟然如此混亂。

這件往事還給我一個很重大的教訓：朋友早就把自己在大陸上所遭遇各種的切身經驗，跟我慷慨分享，還熱心的再三提醒我，要小心扒手、小心那些奇怪技倆。然而我卻太過自作聰明，以為自己對於大陸的社會已經非常熟悉，沒有把人家的充滿經驗之談的金玉良言放在心裡，結果，昂貴的手機真的被他所說的方式偷走。這次就是我太過自信，沒有聽從朋友忠告的後果。

當然，手機這類東西只是身外之物，我也不會為了一隻行動電話就耿耿於懷。但真正重要的是，以後我每每提醒自己，朋友的「經驗之談」是最為珍貴的贈禮，別人告訴我們的事，不論真偽，經過吸收消化後，如果是真的就是賺到，但如果是假的也沒有損失。無論何時何地，我們都要心懷感恩與謙卑，認真聽取友人的善意勸告，多接納他人的建議及分享，人生也是這樣點點滴滴累積起來的。

一次只做一件事、不可空口白話

黃晉益董事長是我當兵時的同袍、也是我多年好友，他做人誠懇務實、任勞任怨，個性有如強壯水牛那樣的堅毅可靠。

黃董事長的公司主要生產電唱機、小家電，是國內相關產業的龍頭企業，曾經被《天下》雜誌專題報導。然而，黃董事長不只是一位成功的企業家，依照我多年與他交往的經驗，我在他身

當兵汽車材料補給單位同事 黃晉益

服兵役接任汽車材料補給士

上還能看見一種很獨特的「成功哲學」。

幾年前有一次，我和另一位陳顧問，相約要去找黃董事長吃頓飯。但是我們打電話過去約了好幾次，黃董事長都因為行程太滿、會議太多，而沒有約成。陳顧問私下有點埋怨地說：「黃董怎麼會這麼忙！時間都擠不出來！」

後來又過幾天，我們三個老朋友終於在黃董事長的公司碰到了面。黃董事長對於前幾次沒有約成功的事情，向我和陳顧問表達歉意：「兩位好友，真是不好意思，前幾次之所以約不成，是因為當天公司還有別的客戶。我很怕兩位過來的時候，我心裡牽掛著客戶、牽掛著工作，那樣就沒辦法好好陪伴你們，我會過意不去，所以一直等到我事情都忙完了，才跟兩位再次約時間。」

因為我跟黃董事長認識非常久，所以我很了解他的個性。黃董事長對待任何人，都是全心全意、從不敷衍。所以如果朋友要跟他吃飯見面，他就希望先去排除各種雜事，讓自己處在心無旁騖的狀態，這樣才可以專心招待朋友。這是他對於人事物的「尊重」——每一次只做一件事情，才能把事情做到最好。

這種專注認真的態度，就反映在黃董事長的平日作息上。五十年來，他都是風雨無阻，早上七點半還不到，就準時進到公司辦公室，開始一整天的業務。他這個人對於自己的工作充滿了熱情，有一次，他跟我分享他生命中的最大樂事：「沒有什麼事情比工作更快樂，如果能夠樂在工作，那上班的時間就不會感到厭煩或辛苦，反而是一種享樂。」

多年前，我倆一起在金門當兵，都隸屬於指揮部補充營的汽車連保養排，負責維修和後勤。黃董事長當時是保養技師兼任組長，有時候我們會遇到剛入伍的二等兵不守規矩，可能工具亂丟、或是工作沒做完，旁人或長官看到了都會有意見。黃董事長看到後，都會去收拾完善才離開，不去埋怨任何人亂丟。說也奇怪，他越是不佔別人便宜，反而得到更多便宜，部隊裡上上下下，沒有人不喜歡他、敬重他。可以說他這種寬容、不計較的個性，幫助他累積了很多「社會存款」。

還有一次，我跟黃董事長聊天，我問他：「如果遇到那種膨風、講大話的、滿口承諾卻做不到的人，你都怎麼辦？」黃董事長還是跟平常一樣充滿風度，他同樣笑一笑，然後說：「我這個人不太去跟人家爭執，如果對方說假話、說大話，我就聽聽，我不會去戳破，或是在背後議論人家。重要的是，我要先把自己手上的事情好好完成。」

身賤得人敬，口賤得人憎。跟他幾十年的相處，他都說生意很難做，從來沒聽他說自滿的話，可是他的事業卻越做越大，是國內數一數二的優質企業。我想，越是成功的人，越會腳踏實地的做事，而不是自我吹噓吧！這就是我在黃晉益董事長身上學到的寶貴的一課。

跑的了和尚，跑不了廟

2001年，我在大陸設廠的那段期間，有一次，我跑去廣州參加「中國進出口商品交易會」，那是一個非常大型的綜合商業博覽會，參加的廠商包括汽車、紡織、五金、電子、化工、建材等等，可以說什麼東西都有，是中國規模最大的國際貿易展覽會。

到了中午休息時間，我信步走到展場旁邊的「秀花公園」散步。就在這個時候，一個穿著有點破舊的鄉下人，走過來到我身邊，開始跟我搭訕。他手裡拿著一包一包中藥材，嘴巴裡講著我聽不太懂的廣東方言，聽起來大概是類似「尬改、尬改」的發音，我們兩個比手劃腳講了一陣子，我大概可以猜到，他想要把手上的藥材賣給我。他告訴我這些藥材是太陽曬過的「海馬乾」，他強調這個藥吃下去以後，可以治療腰痠背痛、還可以強身健體，有多好多好。

雖然這位鄉下人把手上的海馬藥材吹捧得好像是靈丹妙藥，但我記得小時候，我的父親常常掛在嘴邊的一句話：「有好康的事情，我們不要相信；需要腳踏實地的事情，我們反而要搶著去做。所以那種血汗錢，我們才要搶著去賺。如果真有好康的事情，他們一定是先跟親兄弟說，不會先告訴外人。」

世界上真的會有那種「藥到病除、一吃治百病」的藥物嗎？我實在有點懷疑。所以我客客氣氣拒絕了這位鄉下人，跟他說我身體很健康，並不需要吃進補藥物。

就在我休息過後，正打算要回去展覽會場的時候，在會場外面又遇到一個穿著筆挺西裝、個子高大，看起來可說是一表人才的生意人，手上也拎了幾個大袋子，裡面滿滿裝的都是乾海馬藥材。這位先生看到我在打量他，就咧嘴一笑，走過來跟我攀談，他告訴我：「我是美國紐約華僑，平常住在紐約，在中國這邊也有投資。我每年都會來參加廣交會，因為我很多生意都跟中國廠商有往來。」我們聊了幾句，感覺還算滿投緣，我就問他：「要不要我們一起去吃個飯？」

這位穿西裝的先生搖了搖頭，他說：「趙先生，謝謝你的邀請，不過我等等還跟客戶約了要開會，其實時間很趕。我特別過來秀花公園，是因為這附近賣的海馬藥材，非常有名氣也特別有療效。不管泡酒或燉湯，對老年風濕、關節炎等等問題，效果都非常好，我太太自從吃了海馬乾，腰酸背痛都好了。你看我家住美國，可是我每年到廣州談生意的時候，都要特地來這邊買海馬乾帶回家。」他指了一指手上那一大包，都是乾海馬藥材。然後他就對我點點頭，行色匆匆地離開了。

我原本對於這類藥材是半信半疑，也沒有買的意願。但是這位紐約華僑客氣有禮、一表人才，我對他頗有好感，所以他這麼一推薦，我就好像有點被說服了。所以當下有點後悔，之前所遇到那位普通話講不好、廣東話聽不太懂的鄉下人，我沒有跟他多買一些當地名產。連美國華僑都讚不絕口，想來這種中藥應該有過人之處。我又接著想到，我的母親年紀也大了，身體不像以前那麼硬朗，如果秀花公園這邊的中藥是國際知名，那我是不是應該買一點寄回台灣，讓老母親補一補身體。

因此，後來又有一個商販在路邊找我攀談，再三跟我推薦手上的海馬中藥材，我就想到了剛剛那位華僑朋友的使用經驗。我心裡想：「連美國商人都特別繞路過來買藥，想必這些海馬中藥材一定有特別之處，剛好可以帶一點回去給母親。」所以我就抱著姑且一試的心情，花了一百多塊錢美金，跟這位兜售的商人購買了一大包中藥。

後來，在餐廳用餐的時候，我旁邊坐了一位中年太太。她看見我拎著一大包中藥，就過來告訴我：「你被騙了！你手上的這些中藥，是不是在秀花公園路邊攤販買的？你要當心啊，這一帶騙子很多，他們趁著這幾天廣交會，外地來的廠商跟業務都很多，到處在賣一些假的東西，賣掉之後人就消失了。」雖然我知道這位太太是好意，但我心裡卻還是半信半疑：「不會吧，那個美國華僑從那麼遠來這都買了，怎麼會是假藥呢？」

沒想到接下來，接二連三都有人跑來跟我搭訕，要賣我這個賣我那個。這時我才意識到，從一開始的鄉下人、「華僑先生」、還有不斷靠上來的藥商，他們可能都像是這位好心的太太所說，是同一個詐騙集團。

我越想越不對勁，決定去展覽會裡面的服務處報案。櫃檯人員一聽完我的遭遇，他就回答我說：「這個『假海馬』藥材，有很多人都來報案，你是今天的第二十一位。其實往年也都有發生過類似的詐騙案件，以後要提高警覺。」展覽結束後，我就會離開廣州，就算報了案也只能不了了之，更何況中國這麼大，要抓住這些騙徒也很不容易。只不過離開櫃檯的當下，我實在有點感慨，因為做生意的緣故，這輩子我可說跑遍了大半個地球，幾乎世界各國都去談過生意，以前從來也沒有被騙過。但是自從我在大陸設立生產線的這幾年以來，我已經被騙、被偷了好多次。真的該說是人心不古、世風日下啊。

經過這次的事件，我又給自己上了一課：在人生地不熟的地方，一定要找到可以信任的交易對象。雖然有時候，我們與對方初次見面，對方可能會把自己的貨物商品吹噓的天花亂墜，但是我們在拿出鈔票之前，首先需要檢查看看，我們要買的商品是否經過認證、有無國家的核准或販售的執照。

其實，這個原則也很具體：可以信賴的商品，一定要有實體店鋪，所謂「跑的了和尚跑不了廟」，還是很有道理的。如果商品賣出去了，但是日後卻找不到人來負責，那這些商品當然就沒有品質保障。可是如果有門市、有店面，商家大門永遠開在那邊，等著你第二次第三次去光臨的，商品出了問題也會在那邊幫你處理的話，這樣的商家自然就會注重自己商品的信譽跟品質，只有正派做生意的對象才可以信任！

挫折是成功能量的累積

在我剛開始創業不久的時候，大概每年都要去美國兩次，參加在芝加哥、拉斯維加斯等地的汽車配件國際展覽，去向外國客戶介紹我們公司的產品。在展覽會場每間公司都會租用攤位，攤位也需要一些佈置，只是那些承包展場設計佈置的外國工班，其實價格都很昂貴。當時我才開始創業不久，這筆支出對於公司來說比較吃力，需要我想辦法去盡量節省。

每一次，要到國外參加國際展覽的時候，我都會提前來構思攤位的大小、怎樣去佈置、需要那些材料跟那些展示商品，並且自己動手做簡單的木工。所以為了減少額外支出，有一次在芝加哥展覽會的時候，我就打算自己來做一部分的攤位佈置，不要全部包給承包商。跟旅館打聽以後，我在當地找了一間五金材料賣場，購買了一些佈置所需的材料，大包小包拿進會場中。

然而，我當時卻不知道，我自己 DIY 敲敲打打的行為，已經違反了展場的規定，因為美國人的習慣和我們台灣人差異很大。那時候，我才剛開始動手組裝支架，還沒有敲幾個釘子進去，就有一位展場服務人員跑過來跟我提醒：「先生，我們這邊不允許廠商自己動手施工喔，如果你有任何需要，請聯絡展場提供的師傅！」

「請問你們這邊施工費用是怎麼算的呢？」我問他們。展場人員如此回答我：「除了基本的材料費用，每請一位工人，每個小時的施工費用是美金20塊錢。」

因為開展在即，也沒有時間多做爭執，我當然只能依照他們的規定，聘請展場提供的師傅來做攤位佈置。因為當時公司預算有限，我心裡也有點害怕，不知道美國裝潢工人的相關行情，最後結算下來會不會超出預算太多。我繼續在現場敲敲打打，美國工人的動作還沒有我快，雖然木工裝潢不是我的專業，我只是略懂一二，但是在當場我親手做完的部分還比他們多。我不禁有點感慨，在美國這種發達社會，最昂貴的果然就是「人工」。

經過這次教訓，我開始認真思考反省，當初在參加展覽前，我看到英文合約書上密密麻麻的一大堆規定，我也沒時間細看，所以沒有注意到「自己動手施工」這件在台灣稀鬆平常的事情，竟然是違反了當地的規定。

然而事情都有變通的辦法，既然有了這次經驗，反而讓我認真去考慮應變的方法。在那之後，每次要從台灣飛往美國參加展覽之前，我都會在出國前先做一些「準備」：先買好展示架零件、預先做好商標招牌、準備各種現場需要的小工具，等我到了美國展場，再把這些「零件」

甘比亞總統來訪在圓山飯店我跟我的同學黃源誠去跟總統洽商海水發電於圓山飯店

參加吉達貿易訪問團與客人合照

看到非洲孩子的生命力，就是這麼辛苦的在為了生存，也是給我們的借鏡與啟示

德國的展覽聘請的翻譯人員

拿出來動手組合。如果只是組裝，那就不能算是施工，但是效果也很好，用很短的時間馬上就能夠把展覽空間做出最基本的佈置。

經過這次自己動手的經驗，可說我又從中學習到了寶貴的一課。事後回想，在我參加展覽之前，應該要先去請教同行朋友，或者是請教那些之前有參展經驗的同行，問清楚他們有那些事情需要注意、有那些規矩必須遵守。當然，也要事先去拜訪展覽的代理商，做好詳細的確認跟事前溝通。如果我有先把消息打聽清楚，那也許就不必聘請那些美國工人，多花一筆冤枉錢。所謂「謀定而後動」，先有周全準備，再去面對陌生環境、面對未知挑戰，像我們這些總是要出差國外，在陌生地方談生意、拜訪客戶的人，特別要把這件事情謹記在心頭，提醒自己預做準備，才不會有突發狀況的時候，陷入手忙腳亂、付出更多額外成本。

我還想到後來有一次，我跟大兒子趙純賢去墨西哥參加展覽，在飛機上，兒子拿出一本暢銷好書《富爸爸窮爸爸》，純賢告訴我說：「爸爸，這本書很有名，內容很精闢，我看了很多遍，爸爸可以翻一翻，能夠學到很多東西。」這本書裡面就有一句話讓我印象最深刻：「如果你想要擁有處理財務的能力，那最好的方法就是，親身遇到財務問題，只要親自面對過，人就會激發出去解決財務問題的心態跟技能。」把這句話用來對照當年我的「美國展場 DIY 經驗」，讓我覺得特別有道理，果然親身體驗就是最好的老師。

聖經告訴我們，世界上所有事情的發生，不論乍看之下是難是易，其實都是「上帝的邀請」。我們之所以遇見挑戰或困難，都是有原因的。所以，有些直覺上看似不太如意的狀況，都是上帝精心的安排，那是為了給我們學習的契機，在困難中去改善、做修正，下次就會做的更好。可以說，我自認為是一個「擁抱問題」的獨行者。問題發生時，我不害怕去擁抱它，因為那就是成長學習的好契機。

所以，當我們遇到任何困難或者難關的時候，如果願意去看陽光面，就是一種積極學習的態度；如果只看陰暗面，停留在消極埋怨環境、檢討別人的情緒中，我們就沒有辦法修正自己，對於改善事情也沒有幫助。像前面這個故事，我臨時才知道，美國展場不能自己動手施工，因此額外支出了一筆裝修費用。但我並不因此氣餒，我反而試著修正自己，以後我就懂得先在台灣準備好展覽場地的基本物品，直接帶到美國參展，這可以省下不少花費——人生是對於自己狀態的「修正」，一次又一次有意外與困難發生，但我們也一次又一次從中改善自己的缺點，永遠保持改變與進步，這就是人類的無限潛能。

CHAPTER 2
人生風雨

青暝不怕銃子

三十幾歲的時候，我有一次出差到美國洛杉磯，拜訪一家生產汽車地墊的工廠。當時經濟比較拮据，住的是一般商務飯店，而且在美國人生地不熟，為了多少省下一點交通費用，我出門在外隨身都會帶著地圖，平常也盡量搭乘大眾運輸系統，如果要去的地方真的沒有辦法搭乘公車，那我也會先坐公車到最靠近的地點，然後才叫計程車過去。我在飯店一般遇到問題都會找櫃檯，這次要去拜訪地墊工廠，也照樣先去飯店櫃檯，詢問服務員：「從飯店到克拉克汽車地墊工廠，如果叫計程車過去的話大概需要多少錢？」

櫃檯服務員打電話去查詢了一下，然後告訴我大概要一百美金。「一百美金！」要知道四十年前的一百美金，等於四千多塊錢新台幣。這筆錢在當時可能超過台灣普通上班族兩三個月的薪水了，所以我聽到這個價格，差點忍不住喊出來。因為計程車的費用實在太貴，我決定用換車的方式，先坐美國的棋盤式路線公車抵達較近地點，然後再叫計程車過去。這樣算一算，只要花費約二十美金就夠了，足足省了八十美金。

於是，我就先搭公車前往最接近目的地的車站，但是等我下了公車，走出車站，我發現四周一片荒涼，街角的房屋都比較破舊，路上也沒有什麼行人，整條街道散發著一種奇怪的氣氛，我開始覺得有點不對勁。這時候，我剛好看到路邊有間雜貨店，我就走進去拜託店家，請他幫忙打電話：「不好意思，我要去克拉克汽車地墊工廠，能不能幫我叫一輛計程車呢？」

沒有想到，在店家叫車後，我又等了一個多小時，計程車卻一直沒有來。我看看身邊，沒有行人，也沒有汽車，再走進雜貨店去詢問店家，他卻告訴我：「車子等一下就來了，你再等一等吧。」就在這時，我遠遠看見一輛沒有後車廂，1500cc 的 Honda 汽車，停在雜貨店門口要進來買東西。我走過去車內駕駛打了一聲招呼：「麻煩你送我到克拉克汽車地墊工廠，我會付給你十五塊錢美金。」在車子裡面的，是一個看起來應該是中南美洲血統的年輕人。

這位年輕人開車把我送到工廠後，我給了他錢，說了謝謝，就往工廠大門走過去。我這時也注意到工廠的裡面外面，密密麻麻的監視器特別多，心中覺得有點怪怪的，卻沒有多想。我告訴接待人員，我要找公司的 Steven。因為我的英文發音不算很標準，接待人員聽錯名字，差點把我帶去副總經理辦公室！到門口我拿名片給接待人員看，接待人員這才搞清楚我是要來找公司內的業務人員，而不是副總經理。

後來，我終於見到他們公司的業務 Steven 先生，談完正事以後，Steven 就順便領著我去參觀他們的工廠。該廠當時是全美第二大的汽車地墊製造商，裡面所有的製造過程都已經全自動化，各種設備也非常先進，整個廠區充滿了質感與效率。那天我暗暗在心中對自己說：「希望有一天，我的工廠也能夠像美國工廠這麼自動化，全面提升產品的質量！」

參觀工廠的行程結束以後，我正準備要離開廠區，接待人員就把我叫住。他很有禮貌的請我稍等，然後說：「趙先生不好意思，我們這個地區的治安比較差，現在天色晚了，你自己離開可能不安全，再等一下我們公司的同事就要下班，請問你住在哪邊的旅館呢？我請順路的同事，等會開車送你直接回去。這樣應該比較安全。」對方盛情難卻，我當然也就接受。原來先前我下車的時候，看到工廠外牆有那麼多監視器，就是因為這邊的治安很差。

折騰了整整一天，我終於回到飯店。當天晚上，剛好我有個朋友陳先生來飯店找我，我們就一起去吃飯。陳先生他們家族在彰化市開了一間 X 光檢驗院，也是我的老朋友。吃飯的時候，我們天南地北聊天，我就把今天的遭遇告訴了陳先生：「我今天去拜訪客戶，在某某區那邊，等了好久好久，超過一個小時都沒有等到計程車。差點要遲到。」

沒想到陳先生聽我提到地名，馬上臉色一變，他回答說：「你一個黃種人，今天在某某區待了一下午？銀環哪，我跟你說，你真的命很大！你知道不知道，那個某某社區，治安非常糟糕，每個十字路口都發生過槍擊命案，還有很多黑道跟幫派在那邊活動，賣淫啦、販毒啦、搶劫啦，樣樣都來！你知道為什麼你一直等不到計程車嗎？因為計程車司機都不願意進入那地區載客。我跟你說，你沒有被搶，還從那邊平安回來，真的是上帝保佑啊。」

現在回想，年輕時，為了工作需要，我有到處東奔西跑、走到天涯海角的精神。常常我憑著一股衝勁，還沒有打聽清楚狀況，就朝著自己的目標勇往直前，不會考慮太多、瞻前顧後。

也許那個時候的我，多多少少有點像我們台灣俗語說的：「青暝不怕銃子」，因為不知道天高地厚跟人世險惡，所以充滿了無所畏懼的勇氣，即使是惡名昭彰、治安惡劣的地方，我也不管三七二十一，人先進去再說。不可否認，這麼多年來，有很多商業上的契機，都是仰賴年輕時，我身上這種不計後果的衝勁才爭取到的。但是反過來說，現在年紀比較長了，回想過去自己總是橫衝直撞的模樣，也會捏一把冷汗。有時候我實在太過魯莽，就像這次，沒搞懂情況就在危險社區裡面傻傻的待了那麼久。畢竟，人在異鄉，還是需要先了解當地文化背景、歷史條件，好好評估，做好萬全準備，謙虛請教熟識狀況的人，才不會像我當年這樣，影響生命安危。

冒險追趕黑人搶犯

有一段時間，因為生意上需要，我去到美國的語言學校學習英文會話，當時就借住在遠房堂姑家中，我也常常跟姑姑開車去吃飯。我們進入市區時，因為當地有很多黑人，所以我姑姑都會提醒我說：「銀環，趕快把車窗關起來，離遠一點。（Close the window, please.）」。在台灣的時候，我也有好幾次跟黑人談生意的經驗，從來沒有特別排斥的感覺。但是在美國，黑人給一般民眾的感覺又不太一樣，因為在美國的黑人，他們偷搶犯罪的機率比較高。

有一次，我到芝加哥去參加展覽，在展覽結束以後，就跟幾位朋友相約往附近不遠的中國城吃飯。那時我手上拎著一個 007 手提箱，因為聽說這個社區治安沒那麼好，我就不太敢讓手提箱離開身旁，任何時刻我的手掌都不離開手提箱把手。走在路上遇到紅綠燈停下來時，我也會特別注意四周狀況。

當時我們有七個人同行，還有幾個新加坡來的朋友。其中有個女孩子，走的比較靠外面，突然她尖叫一聲：「我的皮包！」原來是有個高大的黑人，突然從後面衝了過來，一把抓住這個女孩子手上的皮包，拔腿就跑。那位女性朋友走在隊伍的比較後面，所以其他朋友都來不及注意到這個突發狀況，只有我看到這一幕。

當下，我一股熱血衝上腦袋，大喊一聲：「Stop!」接著也不管那位黑人看起來是如此人高馬大，出於直覺反應，我馬上就跑過去追他，想要把被搶走的皮包給拿回來。可是我還跑不到幾步，那個高大黑人的動作非常敏捷，咻地一下子就越過了馬路，跑到對面一棟看起來有點破舊的大樓內。我這才停下來，其他朋友們也大喊大叫著紛紛追上我，要我先等一等，不要衝動行事。

後來，我們終於抵達了中國城餐廳，一進門還沒時間點菜，趕快就請店家打電話給警方報案。大概不到十分鐘，警車很快就開了過來，幾個警察詢問我們關於案發現場的狀況。這是我第一次碰到美國警察，就覺得他們做事情很有章法。警察的態度都很認真，問的問題也很仔細，警察要我們描述這個搶犯的外貌特徵，包括身高、性別、穿什麼衣服、褲子什麼顏色、頭髮是長是短、手上有沒有飾品或者刺青……並且一一記錄下來。

其中還有一個警察，他在詢問過後，從其他朋友那邊得知我剛剛打算跟著那位黑人搶犯，直接追進對面大樓。於是這位警察皺了皺眉頭，一臉不以為然。他轉過頭來告訴我說：「芝加哥是美國黑人的發源地。對面那棟大樓，你知道剛剛那個黑人搶犯為什麼要跑進去嗎？因為，那個地方其實就是本地一個有名黑人巢穴，連我們警察都不太敢單獨走進去，一定要帶著槍、還要有同伴跟著。所以，就算你真的去追那個搶犯，到了裡面都是他的同夥，追上了也沒有用處。何況他又高又壯，說不定身上還有槍，你又能做什麼？」我想了一下也真的是如此，剛剛實在太過衝動。

警察又告訴我們，我們其實也不應該經過那條街道，該處的犯罪率極高，街上宵小盤據，只要經過這裡的人，有百分之九十九會被搶劫，只有一種情況，不會被搶，就是他們已經把你全身都觀察過一遍，發現你身上沒有值得他們動手去搶的東西。

雖然如此，這次的事情對我仍是寶貴的一堂課。我那時因為正義感和直覺反應，第一時間想要把皮包搶回來，討回公道，但就像美國警察告訴我的，如果不小心闖入對方地盤，不但不可能拿回皮包，我自己也可能遇到危險。在美國生活，因為文化和社會的差異非常大，每每讓我遭受到「震撼教育」。這件事情以後，我都會提醒自己，如果孤身一個人前往不熟悉的環境，千萬不要貿然做出危險的事情，眼睛要睜大、要提高警覺，最好也是先了解當地民情風俗，要有更多了解，不可以輕率進入不安全的地區。

在美國目擊偷竊事件

在我三十多歲那段期間，因為公司業務需要，所以只要國外有展覽的地方，我就去看展或參展，找國外客戶談生意。

那時我有位生意上的夥伴，他姓謝，是住在紐約的美籍華裔。我們兩人的感情很不錯，除了公事，不時也有私下互動。有天晚上，我與謝先生、謝太太和謝先生的小姨子，四個人去一家中國餐廳吃飯。

當時美國餐廳都有兩道門，走進內門才是用餐的地方，這種佈置在台灣比較少見。我們抵達餐廳後，四個人圍坐一張方桌，邊吃邊聊天，當場的氣氛很開心。突然間餐廳服務生走過來，神情緊張的問我們說：「先生女士晚安，請問你們剛剛有沒有丟掉隨身物品？」

我們本來不太理解，為何服務生向我們提出這個有點奇怪的問題，但是謝太太瞬間臉色一變，她馬上就發現狀況似乎不太對勁：「剛剛我們在外面，我一直把背包放在胸前，因為這一帶不太平靜，我怕被偷被搶。坐下來吃飯以後，我隨手把背包掛在椅背上，結果現在背包真的不見了！」我們四人都感到很驚訝，因為大家圍著桌子，每個人都看著對方，竟然會有小偷當著我們眾目睽睽把背包偷走！

接著服務生慢慢解釋說：「剛剛，我遠遠就看到有位黑人，穿著一件有點舊的深色大衣，他走到你們座位旁邊，還用大衣在椅子旁邊遮遮掩掩並且捲起某個東西，動作鬼鬼祟祟的有些奇怪。因為距離遙遠所以我看不太清楚，我只好趕快過來，跟你們提醒一下。」

朋友的東西被偷，我不禁感覺有點生氣，我趕快跑出餐廳四下張望，外面一個人也沒有，只有黑沉沉的街道，和街道旁邊閃爍的昏黃燈光。這時候謝太太神情也很緊張，因為她所有的證件、卡片、提款卡、信用卡等等，全都放在她失竊的背包裡。於是我們趕快報警，然後再跟餐廳借用電話，打給各家銀行去申請掛失，中止支付權限。

這樣忙了一會，本來開開心心的一次朋友聚餐，就這樣變得很掃興。等到我們從餐廳出來，才走了一小段路，發現謝太太背包裡的東西，被那位不知名小偷扔在不遠街角處的掀蓋式垃圾桶上面，已經被翻得亂七八糟，不值錢的東西就隨便被丟在地上，當然錢包跟現金都已經不翼而飛。

還有一次，我跟謝先生在曼哈頓的路邊喝咖啡。喝完咖啡後，我就先離開，想到附近商店街逛一逛，看看有沒有打折的東西，可以買回家當禮物。剛好附近就有家精品商店，門口掛著牌子寫「ON SALE」，我走了過去，一位年輕女店員看到我要進來，才解開門上的鐵鍊。

在我進去沒多久之後，有一個黑人也想跟著進來，不過女店員卻不讓他進來，那位黑人就說：「前面那個人可以進去，為什麼我不行？」女店員說不過他，這時才讓他走進店裡。

我在店裡面東看西看，一時間還沒找到我覺得適合的禮物，忽然間，女店員很激動地大聲喊叫：「get out my door！」我本來不知道發生什麼事情，轉頭一看，那位女店員從櫃檯拿出一隻塑膠球棒，用力毆打那位黑人，黑人也狼狽地跑了出去。

我趕忙問女店員發生何事，女店員很生氣地大聲告訴我：「這個黑人，剛剛我不要讓他進來店裡，他就說我妨礙他的權利，無論如何硬要進來。結果進來以後，又趁我沒有注意，偷偷把我們的商品藏進大衣裡面！太可惡了！」我趕快安慰她，叫她不要太過生氣，女店員又告訴我：「每天都有十幾次類似的事情，只要黑人進來，就是偷東西，沒有好事！」

這件事情讓我很震撼，改變了我對世界的想法。原來，我所認識的富庶大國——美國，也是會發生搶劫、貧窮、飢餓的問題，而這之中有更深層的種族衝突與階級對立。而對我而言，從這件事情中學習到，在理解事情時，不能只是片面透過二手資訊，更要多方的收集資料、資訊，問有經驗的引路者，才不會走冤枉路，也可快速地了解事情的本質面貌。

CHAPTER 3
事業開拓

木珠坐墊製造從零開始

在創業的比較早期，我的公司有好幾次機會，從各方面接到汽車木珠坐墊的訂購單，而這個商品銷售的不錯。但是因為當時的價格很競爭，連帶也影響了利潤，我就開始思考，要不要自己來從事製造跟生產，這樣子才可以提高市場佔有率。

但在那個時候，我完全沒有製造技術及原料來源，如果要自己生產，就得從零開始。我到處去跟人家打聽、請教，後來得知在豐原、神岡一帶，有很多在製造木珠的工廠。我就自己開車去到豐原、神岡，我想說貨比三家不吃虧，就找了十家木珠工廠，一家一家去請問，一邊比較價格，也一邊學習相關知識。從幾家原料商那邊，我學到跟木珠坐墊製造過程有關的基本知識之後，心血來潮就一口氣下訂了一千萬顆木珠。回家後，我講給家人聽，父親就直接罵我：「你都還不知道椅墊的製造過程，只是知道一點皮毛，那一口氣買這麼多顆珠子要幹嘛？你要找誰來做這個產品？」當然，父親講的也是有道理，不過內心雖然有點難過，但還是沒有打擊我想自產自銷的企圖心，因為我有那一份製造木珠坐墊的熱情。

後來，廠商把木珠都送了過來，需要倉儲與銷售的壓力也隨之而來。那陣子我更勤快，到處去請問，後來打聽到彰化市建寶庄有不少家庭代工，他們主要就是接編織木珠坐墊的單子。既然稍有眉目，我就立刻行動，我就提著禮物過去，開車來到建寶庄，每看到一戶正在編織坐墊的人家，我就提著禮物，很有禮貌去請問他們：「不知道能不能允許讓我坐在旁邊，看你們把木珠串成坐墊，謝謝。」他們也很親切，都同意讓我在旁觀摩。

於是接下來好幾天，我都在建寶庄觀摩，看他們怎麼動手把木珠串成坐墊。我本來以為自己已經懂了七八成，但沒想到看人家做是一回事，自己上手又是一回事，所以當我回到家後，我依照記憶來自己動工，怎麼編織都編不太起來，甚至睡覺睡到一半，半夜兩三點如果我想到什麼訣竅或方法，就趕快從床上跳起來，但結果還是一直失敗，編織不起來，一直沒有真正學會。有一次，我就帶著太太妙芳去建寶庄觀摩，妙芳比我有天份多了，她才看了一次就融會貫通，全部都學起來，再練習幾次，怎麼製作的方法妙芳已經胸有成竹非常熟練。

在我掌握將木珠串成坐墊的技術後，再來下一步，當然就是需要找到願意做家庭代工的工人。一開始，我太太先教附近的鄰居以及我的岳母，我岳父也加入幫忙的行列。我岳父是國小老師，他為了幫助我們創業，岳父下班之後騎著一台 50cc 的小摩托車，到處詢問社區鄰居，看有沒有人想做家庭代工，然後再由我太太來傳授串木珠的技術。木珠汽車坐墊其實需要大量人工，就算在技術熟練以後，編好一個汽車木珠坐墊，大概也需要花上三個工作天的時間。而每交付一個坐墊成品，我們就會付給工資新台幣一百塊錢。

後來我的生產鏈慢慢有了規模，岳父乾脆決定提早退休，全心投入來幫我管理原料跟代工的流程。因為岳父原本在學校中教書，做事情很有邏輯，所以整個家庭代工部門都由他來管理，並且負責一包一包把木珠原料分發給代工家庭。岳母在家中自己也會動手，這時候她已經技術非常純熟，只要兩天就可以串好一張木珠椅墊。汽車坐墊這門生意，岳父岳母都給我很大的幫助。

木珠椅墊的製作流程其實很繁瑣。從木珠工廠購買到木珠後，首先需要把木珠進行漂白、熱水染色、曬乾，然後用底漆把木頭的毛細孔封起來，再放進滾筒裡經過打磨處理。又因為整張坐墊是有圖案跟配色的，也需要把木珠染色、噴亮光油等等工序。當時使用的木珠每顆直徑10mm，一個坐墊就需要用到 3800 顆木珠，非常耗費人工。

在創業初期，我還在老家趙厝，租借一些舊房間，把老家趙厝周圍的竹子挖掉、地面整平，再找來鐵工蓋起廠房。當時因為沒有太多資金，生產設備幾乎都比較簡陋，去外面購買二手貨。就算規格尺寸不太適合，但將就一下、改造一下，也是可以勉強使用。有時候訂單比較多，現有人手不足，就請學生在放學以後來我的工廠打工，照鐘點計算工資。

後來經過一段時間，很多廠商都看到這門生意有利可圖，也紛紛開始投入到木珠坐墊生意，現在連自己生產，都要面對越來越競爭的市場條件。經過思考以後，我認為需要更便宜、更穩定的技術工人，我就找到位於台南六甲的軍中監獄，去和他們提案談合作。

我聘請獄中受刑人來協助編織，他們工資相對上更加便宜，而對獄方來說，可以看到

木珠坐墊最後的完成品

受刑人自食其力，當然他們也樂見其成。我同樣拜託岳父跟太太，每週都載著整車的木珠以及其他加工材料，一併運送過去，讓他們製作成品，果然節省不少薪資成本。

我記得每一次送材料進去軍中監獄時，看到那些刺龍刺鳳的，甚至上腳鐐的受刑人，還是很不習慣。我兒子趙純立那時大概只有四、五歲，有時候送貨我們也會帶著他，不然留在家裡沒人照顧不太放心。純立年紀小，還很天真，當他看到監獄裡的受刑人，也會感到很好奇，有時候把手伸過去跟這些陌生人互動玩耍，樣子非常可愛，受刑人見到小朋友也很開心，都會熱情回應。犯人在監獄中消息很封閉，所以他們難得見到我們這些外人，就過來寒暄，問東問西，而受刑人最在乎的是，那時候蔣經國剛要上任，所以他們就很希望政府會有大赦、減刑，很多談話都圍繞這個話題。有時候裡面的受刑人跟我聊天，會講自己為什麼被關進來，或者告訴我他是被判五年、十年、無期徒刑，這些故事聽起來都讓我感到心酸，我在心中也暗暗祈禱，他們服完刑期後可以回到正常的人生，不要再走錯一步。

另外就是我的母親，在創業期間也給我很多幫助。染色以後的木珠，需要放在稻埕上曬乾，然後再塗上底漆，這些辛苦的工作都是母親在幫忙。有一次，母親發現自己的腳底突然沒有知覺，家人都很著急，我們以為母親是中風。把她送到彰化基督教醫院以後，各種檢查花了整整一週，醫生才告訴我們：「這不是中風，而是因為劇烈碰撞，神經被淤血的血塊壓迫到，所以腳底才失去知覺。」這讓我很自責，因為前陣子母親在曬乾木珠的時候，確實有不小心跌倒，雖然當時沒有馬上發作，但是瘀血卻傷了神經，這是母親為了我的事業所付出的代價。

說起來，當年木珠坐墊的生意做的還算順利，要感謝很多貴人相助。我的太太、我的兄弟姊妹、我的父母親、我的岳父岳母，還有監獄裡的吳科長，都給我很多幫助。我從原本從來沒有接觸過這一領域，遇到任何問題，都需要自己想辦法克服，在一開始的時候，甚至不惜去學習別人的程序、怎麼串珠、怎麼染色，三番兩次去原料商那邊謙卑請教，一次又一次改善製作方法，也遭遇到不少失敗經驗。

這就是為什麼，我常常跟孩子、跟年輕人提到「主動學習」的重要性。沒有人生下來就無所不知，但是後天的求知慾，可以幫助我們掌握更重要的知識。遇到事情不會，沒有別的路，唯一能做的就是要到處謙虛請教，拜託那些專業上有實務經驗的人，願意把他們的心得跟你分享。回顧我的創業經驗，可以說是在摸索中克服各種困難，人生都是學習跟摸索，只要有心，皇天不負有心人，我相信世界上沒有做不好的事情。只要堅持下去、不斷努力，人的潛力是有無限可能的，甚至遇到失敗也是一種學習，我能夠從無到有，掌握木珠製造、坐墊生產，其實在過程中同樣跌倒了無數次，然而最後我卻堅持下去，因此也在汽車用品產業中站穩了腳跟，也有後來不錯的發展。

創辦「國際工業社」

在我三十歲前後，也是我剛開始出來自己做生意不久，我首先是去做中盤，跟上游廠商批發商品來做銷售。如果我有注意到最近市場上需要什麼、什麼東西需求量比較大，我就去批發相關的商品來販售。但是要如何做，才能夠對當前的市場有足夠的敏銳度呢？只有一個最笨、最老實的方法：就是全靠兩條不怕瘦也不怕累的大腿。既然我是在做生意，我就告訴自己，勤勞地去拜訪客戶，傾聽他們的需求、跟他們天南地北閒聊，讓客戶自己來告訴我，他們現在對於那些方面感興趣，那接下來我的責任就很單純，我要想盡辦法去滿足我的客戶們。

有一次，受了客戶委託，進了一批橡膠腳踏板，銷售數量很不錯。我就想：「與其當批發，還不如自己動手生產！」也是同樣的想法，驅使我去做汽車椅墊，所以，既然看準了橡膠腳踏板這個商品，我就著手開始構思製造流程，也自己去開了模具機件，並且委託給我父親的公司去生產製造。

在我銷售橡膠腳踏板經過一段時間後，我很快感覺到，客戶那邊源源不絕地有訂單過來。我心中就想：「如果自己生產製造，可以提高產品競爭力！」所以下個階段就是建造橡膠工廠製造汽車腳踏墊，從這個產品開始，把自己的工廠做起來。有了這個念頭後，我就在父親經營的工廠旁邊，找了一處石棉瓦屋簷下的閒置空間，蓋了一個很小型的橡膠工廠。

說起來這個「工廠」連一道正式的門都沒有。我去訂購了必要設備，如混合機、攪拌桶、油壓機等等，把它們安置起來，就要準備開始生產。為了節省開支，這些製造設備當然也全都是買二手貨，相較於新品便宜許多。

生產流程大致如下：將原料混合，切成片狀，再把原料放進油壓機的模具裡頭油壓成形，然後熱騰騰的橡膠腳踏板就製作出來了。不過，這些機器開動需要大量電力，每台設備都有三十馬力以上，特別是混合機，吃電吃的更重，整間工廠的能源需求可說相當可觀。

所以，當時我遇到的第一個難題就是，要怎麼找到穩定供電呢？那時負責管理我父親公司的總經理，是我的叔叔趙耕春。叔叔從小就很疼愛我，他看到我現在努力自己創業，更是非常支持，三不五時就會給我建議，也給我關於技術上、經營上的指點。另外，叔叔更讓我的小工廠跟他們公司共享電力跟蒸氣，這也是幫我節省不少成本。總之，長輩們的支持，對我這個克難工廠的幫助實在不小，這些恩情我一直都深深放在心中。

總之，此後我就掛起「國際工業社」的招牌，正式創業，製造腳踏墊的工廠也開始運作。

在這段創業期間，我在這個「屋簷下的克難工廠」裡，可說是事必躬親，各種方法都嘗試，什麼雜活我都會親自動手做。有一次，某位台南客戶剛好來到我的小工廠拜訪，當他走進工廠的時候，正好我穿著短褲拖鞋，一身油污，很狼狽地蹲在地上。因為那時候油壓機壞掉發生故障，我只好自己動手來更換油封。客戶看見我這樣子，噗嗤一聲笑了出來，他走過來拍拍我，還比了一個大拇指：「銀環，平常看到你，都是西裝筆挺、人模人樣，我都不知道你在公司裡其實是個『黑手』！沒想到你的手這麼巧！」我把工具收一收，趕快換了衣服，請他到外面吃午餐。在事業草創的階段，我把自己一個人當三個人用，既是經營者、也是業務員，更是基層技術工人，其實我非常享受用自己雙手去操作跟勞動的感覺。只要時間條件允許，有維修機械的師傅來，我都會在旁邊觀摩學習，有疑問的部分會馬上發問。有什麼事情我都會盡量自己動手處理，那種在太陽下、機械旁揮汗工作的感覺，讓人感到非常充實！

我們的產品原料是橡膠，需要經過加熱的工序，橡膠原料的質地才會穩定下來，之後才能夠製成成品，這個加熱過程有個術語叫做「熟」。而要加熱橡膠原料，還要使用很多化學藥品混合在一起，其中最便宜的藥品是硫磺，一公斤才十塊錢新台幣，而其他所需的化學藥劑，有些要比硫磺貴了超過十倍以上，在 1970 年代，一公斤就索價新台幣一百多塊錢。

那時才剛剛開始經營管理工廠，現在回想，真的是非常缺乏經驗。當時我的想法太過單純天真，我發現有些藥品太過昂貴，那為了節省成本，是不是乾脆就多多使用比較便宜的硫磺，減少昂貴藥劑的比例。因此我就在比例不對的情形下，去進行橡膠原料的加熱過程。

很快的，我的天真想法就讓我自食苦果了。第一批主要使用硫磺來加熱的產品，經過二十多天以後，居然都呈現奇怪的黃色，而且還黏在一起！那天我看到倉庫裡的第一批橡膠片全毀，忍不住大叫一聲：「貪小便宜的最貴，真是因小失大！」但是後悔已經來不及了。

當時我只知道硫磺會讓橡膠原料「熟」透，但我沒有想到，不同藥品所發揮的化學效應其實很複雜，在正常流程中，要使用十多種藥品，來讓橡膠熟透的同時，也要幫助橡膠穩定成型。但是我自以為「聰明」，擅自省略不少藥品，結果製作出來的成品，根本無法使用。

這當然是一次教訓。不過，有句話說得很好，所謂「摸著石頭過河」，我就是屬於那種人。有時候別人從經驗出發，告訴我「按照慣例，應該這樣做、那樣做」，當然有其道理，可是我就是會出於好奇，想試試看其他方式、走走看另一條沒人走過的路，自己親手嘗試，這是我的人格特質。因為我相信，只有自己一步一腳印耕耘得到的教訓，最為讓人無法忘懷。這個想法當然有利有弊，在這一次，我吃到了苦頭。第一批成品最後只能夠報廢，但是，也讓我獲得了最寶貴的經驗。

找對人，做對事

「國際工業社」的業務剛開始進入軌道的時候，我也才結婚沒有很久。我太太妙芳的身材很纖細，當年只有四十二公斤，有時候產品要出貨，數量太多，妙芳就會自己跑過來，主動要幫忙搬運。每一次，我看到她瘦小的身子，吃力地推著裝滿了各種貨物的手推車，心中又是不捨，又是充滿感激。要知道，光是一片橡膠腳踏板，大概就有一公斤再多一點的重量，為了作業方便，工廠裡通常會把三十片腳踏板綁在一起成為一綑，所以，可能每綑重量也要接近四十公斤上下。妙芳一個嬌小的女生每次幫忙我們搬貨，她所負擔的重量可以說跟自己的體重也差不多，非常的辛苦。今天回顧前塵往事，只能說感謝上帝的恩賜，我真的太有福氣了，要去哪裡找到這樣一位打著燈籠也找不到的好老婆、賢內助呢！

太太妙芳除了燒飯洗衣服、帶小孩、打掃整理這些一般的家事，調貨、記帳、跑業務，我們也都要自己來。那時生活非常忙碌，每天都焦頭爛額。但有一次，妙芳很開心地跟我說：「阿環，最近雖然很累，但是我真的很快樂。」看到她做得很開心，她就回答我說：「你看，我一邊記帳，一邊出貨，每次算算我們出了多少貨，就等於是賺多少錢。賺錢，怎麼會不快樂！」

但是創業真的很辛苦，也讓太太受了一些委屈。剛結婚的時候，我們家的浴室還是使用工廠鍋爐所排出的蒸氣，來替洗澡水加熱。妙芳下班後端著臉盆進浴室，眼淚就忍不住流下來。因為那時我很常出差，那段時間，一個月我會有超過十五天在外面出差，有一次還創下最高紀錄：因為趕著在過年前夕，把全部貨款都收帳回來，我花了二十一天，拜訪一百九十八家客戶，整整繞了台灣一圈，好不容易在年夜飯之前才趕回到家中。

那時我們的克難工廠很陽春，廠房中隨便用薄木板隔出一個小空間，就當成是調配化學藥品的房間。當時在配藥間裡面工作，也不知道要戴上口罩，有時候出來吐一口痰、清一清鼻子，會發現痰都是黃色。因為整個房間都是硫磺，硫磺粉末是黃色的，飛散到我們口腔鼻腔裡全部都是，難怪連鼻水痰液都變了顏色。

我的「國際工業社」，在父親工廠旁邊寄居了大概有一年多，我就回到出生地趙厝，找了一塊地，再蓋一間比較像樣的新工廠，打算把生產線遷移過去。不過，那時年輕，當然還不太懂怎麼設計工廠。我只是找來建築工跟鐵工，搭建牆壁、屋頂、門窗，其實很多地方都不太合乎標準。

雖說理想跟實際上有差距，但是趙厝工廠比起先前在屋簷下的「克難臨時工廠」，當然是好非常多了！我那時候整個精神都放在如何製造更好的產品，至於工廠環境好壞，還在其次，因此工廠的空間安排有些隨便，沒那麼舒服。一百七十坪大的廠房裡，塞滿了油壓加熱機、混合機、切料機、裁斷機、拌料機、蒸汽鍋爐、大油桶等設備，我們都固定時間請油罐車拉燃料油過來補充。因此，工廠內部狹小悶熱，電風扇整天旋轉，稍微驅散了可怕的熱氣。

但是接著又碰到了一個新的難關，因為我們做橡膠加工，這些製造設備的馬力都非常大，因此需要很大量的電力。當時政府有一些管制法律，工廠使用的電力總量都需要經過政府嚴格審核。我大約估計了一下，國際橡膠廠未來有可能會使用到一百匹馬力以上的電力，所以，就需要在兩隻水泥電線桿中間，再做施工，自備三顆電桶。在四十年前，一百匹馬力是很大的電力使用量，需要準備許多文件，還得自己把基本設備安裝完畢，就緒後才能夠去跟政府正式提交用電的申請。

但是國際橡膠廠的土地本來是家族共有地，要做任何變更，都要請所有的地主蓋章，地主雖然都是我的親戚，但是大家分別居住在嘉義屏東各地，要聯絡起來還是很不方便。再加上當時也是第一次申請電力核准手續，還不太熟練，這些因素都帶來很多麻煩跟延誤。

經過兩年，申請過程一波三折，本來我們委請水電行幫我們代辦，但水電行動作很慢，遲遲沒有下文，都催到完全不想再催了。我一咬牙，決定自己來辦。剛好我有位好朋友，叫做賴清松，賴清松當兵的時候跟連長感情不錯，又剛好這位連長此時正在省政府的「人二室」裡面當主任。現在政府機關已經沒有人二室這個單位編制了，但是在當時那個年代，公家單位裡的人二室主要負責保密防諜、人事檢查，權限跟影響力都很大。所以我跟好友賴清松討論後，決定透過賴清松，去拜訪以前很照顧他的這位老長官，希望他能夠幫我一把，讓我順利申請到電力使用的許可。

我還記得，我們去省政府拜訪主任的當天，主任態度很和藹，他請我們兩個人喝茶，整個人都笑瞇瞇的。他說，他很知道年輕人創業很不容易，也認為國家應該要多多鼓勵扶植中小企業。接著他就帶著我們到承辦人員辦公室，一起去找我的「國際工業社」的申請文件。

從櫃子裡面翻找了好久，承辦人員終於從厚厚資料夾中，好不容易抽出之前我的申辦文件，如果按照申請順序，我的案件其實是被壓在其他申請案件後面。這位個性豪邁的主任笑了笑，就請事務人員把我的申請案都先調出來，最優先來處理。主任接著告訴我：「銀環，你下午回家一趟，把公司大小章都帶過來，有什麼問題，我們都現場解決！不要再讓你拖延了。」接著主任直接請他辦公室裡的傳令兵，過去跟承辦單位溝通，我的申請文件上面如果有什麼錯誤，馬上現場蓋章修正，修正完畢後就直接交件。這天過後的一兩個禮拜，我就收到了政府的核准通知。終於，趙厝工廠諸事齊備，現在終於可以來進行電力設備的工程了！

前一陣子，我還抽空回去看一看當年在趙厝設置的工廠。開車經過綠油油的稻田，青年時期的回憶似乎隨著四周的稻香撲面而來。工廠舊址已經很破舊，當年使用的各種機器設備早已拆掉，只剩下四面由石棉瓦搭蓋的空曠牆壁。不過，當我走進房子，看到工廠裡的廚房還留在原地，還有一些鍋碗瓢盆，積滿灰塵，靜靜躺在角落——我彷彿穿過時光隧道，回到了當年的某個酷熱下午，那時妙芳偶爾帶些點心到工廠，招呼大家暫時放下手邊工作，吃些點心、稍事休息，再回到工作上努力打拼。這份回憶景象真讓人懷念！如今站在空曠的舊工廠中，回想當年創業的歷程，複雜具有挑戰性，關關難過關關過。

回首過來路，發現自己的人生路有許多的貴人，不論是在事業上還是家庭上，都遇到許多人的幫忙。妻子妙芳的扶持，讓我可以更無後顧之憂的在工作崗位上努力；當然也包括了賴清松，因為他的出現與幫助，才讓申請四處碰壁的情況，像是開了一扇門一樣的，有了解決的方向。原來，過往累積的人脈、資源，最終會在某個時間點，成為解決問題最重要的關鍵。貴人就像一把鑰匙，開啟我人生不同階段。

永遠的懷念

在四十年來跌跌撞撞的人生道路上，我常常跟朋友說，生命中最辛苦的事情，除了拉拔三個子女長大，我還費盡心血去創造我的公司，都是我用生命來呵護的，公司就好像我自己的孩子，所以我用生命去澆灌它們，我的公司才能茁壯成長。

說起來，在公司經營方面有順利有失敗，經商生涯中得到的種種體驗，都是我跌跌撞撞的學習人生中，無法忘記的深刻回憶，其中一些，到了今天還持續在穩定經營。

我剛開始創業時，主要是做汽車配件批發買賣，以及採購 PVC 材料來做汽車腳踏板和擋泥板的加工。地點就是在我爸爸工廠旁邊由豬舍所改建的三個房間，中間房間本來是用做客廳，左邊則是寢室，右邊還有一間廚房。我就把客廳當成臨時辦公室，再把廚房隔開一部分，挪出三坪的空間當作存放成品的倉庫。在屋子外面榕樹下，買了一把裁切刀，當作加工裁剪的工具，用來裁切 PVC 塑膠片。現場的流程大概如下：首先我把 2 尺乘 3 尺的大片 PVC 依照客人要求的尺寸規格訂製，這個成品再做成汽車腳踏墊跟汽車擋泥板，批發賣給各地店家。

其中汽車配件的消音器和排氣管擺放位置，則是利用榕樹跟屋簷中間的空間，用圓管焊成每邊約五公尺的正方形支架，把成品吊在榕樹下當倉庫。那時候我是台灣銷售汽車消音器的佼佼者，比較熟的朋友都會開玩笑，稱呼我「汽車消音器王」。當時因為我的銷售業績不錯，批貨量也不小，批發給客人之後，多的存貨，我就暫放在工廠外的鐵架上面。

創業後一年我又開始第二階段擴增場地，也試著自己來生產橡膠腳踏板。我利用很有限的場地和資金，克難式的經營，要把公司經營到最好。那時我父親手上經營一間工廠，在工廠外面有一個閒置的遮雨棚倉庫，我就找來一些石棉瓦浪板做隔間，上頭再用石棉瓦浪板去做延伸屋頂，出入口是用捲簾式的帆布代替，然後把機器模具、油壓機、混合機、裁斷機、切割機、原料等，都搬到這個臨時工廠，再接上父親做 EVA 發泡工廠的蒸氣管線，就這樣開始生產橡膠腳踏板。有時候外面下起大雨，我就把帆布降下來遮風避雨。

當時因為生意草創，我在廠內還供奉一尊土地公神像，希望能夠保佑我事業順利。我印象很深的是，我爸爸公司裡，當時有一位送瓦斯的員工沈振明先生，沈先生為人古道熱腸，對我也很親切，每天早上，他如果先到公司，他都替我點香、敬拜土地公。我對沈先生的熱心，到現在還非常感謝跟感動。

這時候我弟弟趙銀重，還在就讀高中。因為我創業初期非常缺乏人手，弟弟一下課回來就會幫忙綑綁跟裁切。弟弟工作起來非常認真，都不太敢休息，有一次他裁切的時間很久，想要休息又不好意思說出，於是我請他去休息，他才鬆了一口氣，跟媽媽說：「哥哥看到我很疲倦、手很痠痛，就體貼讓我趕快去休息。」弟弟年紀輕輕，工作態度就這麼認真，我感到非常欣慰。當時弟弟也是我的得力助手，所以，這間廠房算是我們兄弟齊心打拼，特別是當時他年紀還小，就有這麼多付出，我真的非常感恩。

弟弟趙銀重多年後回憶，他記得當時因為我們都想省錢，因此廠房裡送貨的貨車，買的都是非常便宜，幾乎半報廢的一台二手「大發貨車」。這輛貨車常常因為引擎太舊無法發動，有時候還要有人從車子後面推動，來幫助引擎點火。這台車有多寒酸呢？當時車子舊到連車門都關不太起來，把手都是壞掉的，上車以後還要用一條繩子把門綁牢，人才不會開車到一半就從駕駛座裡面摔出來。

除了弟弟全心全意支持我，妙芳更是比誰都投入。當時我做汽車配件的生意，如果有接觸廠商，妙芳都會出來跟採購寒暄聊天，跟他們打聽新客戶、老闆的地址，把人際關係經營起來。出差的時候，我最喜歡著帶妙芳一起，因為她人長相漂亮，個性古意善良，又能言善道嘴巴很甜，在商場上不知道幫我爭取了多少朋友，而且夫妻倆人又可以遊山玩水，可以夫唱婦隨，她也幫我注意到了很多我因為粗心而沒有注意的細節。回想起來，那一段時間真的很甜蜜。

還有一天，有一家協啟貿易公司的劉經理，來跟弟弟洽談生意。當時我太太擔任鄉民代表職務，牆壁上有一塊匾額，上面寫著「為民服務」，後面寫上「鄉民代表劉妙芳」，劉經理看到後，就告訴我的弟弟：「這麼巧，我的堂姊也叫劉妙芳！」後來經過我弟弟打電話確認，我太太妙芳就是這位經理的堂姊，地球竟然這麼小，世界上真的有很多巧合的事。

工廠擴張進入第三階段的機緣則是，因為那時候正準備要來擴大橡膠製造的貨車斗墊（tracks mats，是小貨車用的墊子）生產線。所以我們找到一位遠房叔叔，跟他租了

左二是父親趙梱燈，左三是趙宗冠老師，右二是弟弟趙銀重以及設計師徐國鴻（永遠的懷念）

兩百坪的土地，又蓋起一間新的廠房。

這個新廠主要用來放置當時買進一台「橡膠油壓成型機」，在當時就要價新台幣六百萬，每個油壓的直徑大小是三十六英吋，有六個油壓缸，總共可以產出兩千噸的壓力。用這台機具製造出來的成品，每塊橡膠大概有五十公斤那麼重。這個廠房比起前面更有規模，從畫設計圖、打地基、找泥作跟鐵工，我規劃很久，從無到有的把它蓋起來。每天產量可以達到兩個40呎的貨櫃，但那時候生意非常興隆，即便產量這麼高，仍然來不及供應給全部客戶。

後來，生意蒸蒸日上，弟弟也長大到有能力可以管理自己的事業。於是我就跟弟弟分家，成立「高仕汽車精品股份有限公司」，並且在彰化縣秀水鄉建立全新的廠區，從買地、建辦公室、建廠房開始，把基礎重新再打好，這也是我目前成立過程比較艱辛的一間工廠。

此處原來是田地，所以工廠地面稍微凹陷，跟外頭路面的高度落差，大概就超過兩公尺。所以我在蓋廠之前，花了很大的功夫去填土，把地基夯實。這片土地佔地約四千五百平方米，我買的時候又是地價高點，光是買土地的錢就花了兩千五百萬。在建廠之前，我本來準備了八百萬新台幣用來建造廠房，可是後來超過預算，辦公室建築的費用追加了一千一百萬，工廠主體的部分，也花了九百萬。整個投入資金一共接近五千萬新台幣。

那時候因為經驗不足，想法還很天真，不知道建造一個完整廠區，其實比較艱辛複雜，等到真正開始動工，又發現很多問題，需要一條一條面對。

施工開始後沒多久，發現原來找的設計師、施工承包商，我都不太滿意。沒想到屋漏偏逢連夜雨，等到營造商把地基、鋼筋都做好，正準備開始做牆壁跟外裝的時候，營造商突然無預警整間公司關閉，這讓當時的我非常頭痛。

幸好我的生命中，每次遇到困難，隨後又總是緊接著出現貴人。當時有一次，員林聯邦銀行有位蔡經理，請我到他們銀行內部去做一個分享跟演講，我還記得題目是「領導人的形象」。當我到了他們的辦公大樓，我發現整個建築都是玻璃鋼骨，線條很漂亮，外觀也很堅固。我一進到聯邦銀行，對整間建築物的印象就非常好，讓我感覺很舒服。

等到我分享完畢，趕快把蔡經理拉到旁邊，問他說：「你們這個大樓是自己蓋的嗎？很漂亮耶，我很喜歡。」蔡經理聽完我新廠房所遇到的狀況，也替我擔心，他告訴我：「我們這邊是香港設計師徐國鴻的作品，我會介紹你跟他認識，看能不能幫上忙。」

沒有幾天，我就跟這位設計師徐國鴻見到了面。我們兩個在面談的時候，我看他一副胸有成竹的樣子，就把目前的問題和我的需求一條一條講給徐建築師聽。徐設計師雖然很有禮貌、講話有條有理，我卻沒看見他做筆記，因為那陣子都在記掛廠方施工不順的事情，所以會面當下我有點失落感，內心也怪怪的不太放心。

但我沒有料到的是，一週後，徐設計師請人送來了厚厚一疊四十張設計圖。面談當時我跟他要求的注意事項，這份設計圖上面都規劃的妥妥當當了，而那些我沒有想到、但未來可能出現的問題，設計圖上也都處理的滴水不漏。原來這位徐國鴻設計師，是當時環亞百貨、榮三集團，從香港重金請過來的知名設計師。國際飯店是他的長項，整個設計的安排是大師等級，水準非常高。

二十年後，我又在工廠旁邊要蓋一個新的貨櫃屋，而台中的施工團隊，在看過當年徐國鴻留給我的目錄和資料以後，就很佩服地告訴我說，徐國鴻是當時台灣前三名以內的設計師，原始設計圖

徐國鴻建築師的設計

的規劃設想非常完善周到，包括材料規格、施工明細都條列的非常清楚。當年我遇到徐國鴻，真的是好福氣，也是上帝的眷顧。這個經驗也讓我了解到，原來設計師跟施工團隊如此重要，讓我日後省下不少麻煩。

我記得當時，因為建廠資金已經嚴重超出預算，所以我詢問徐國鴻設計師設計費用需要多少，他很客氣的說隨意就好，我就包了六萬塊錢的紅包給他。

這幾年退休之後，我常常坐在「天使之居」貨櫃屋內，招待朋友、喝茶品茗、聊天抬槓。辦公室就在旁邊，我從一段距離欣賞我打拼多年、一磚一瓦搭建起來的這位「小孩」，心中不時都會

景觀設計大師朱魯青的作品

昇起一股自得滿足的情緒，當我每次細看廠房建築，都還是非常喜歡二十幾年前完成的種種設計。好的建築和好的產品一樣，來自於製造者、規劃者深厚的專業素養和用心製作。好的設計，材料和製作都不能馬虎和省略，我很認同徐國鴻設計師的設計理念，因為他的用心、仔細、追求完美的設計哲學，其實也跟我面對人生的信念互相吻合。這幾年聽說徐設計師已經回香港，如果未來還有機會相見，我一定要當面緊緊握住他的手，誠懇地跟他再說一聲：「感謝！」與徐國鴻設計師合作的經驗也讓我感受到與信念相同的設計師、團隊共事的重要性。在我的經商生涯裡並非總是順風順水，過程中難免會遭遇些挫折，但那些經驗於我而言都是一種養分，沒有風浪，就不能顯示帆的本色，沒有曲折，就無法品味人生的樂趣，這些經驗成為我人生中難以忘懷的回憶。

在大陸寧波餘姚設立工廠

在2001年，我因為公司公務，到廣州去參加「中國進出口商品交易會」，當時在會場裡頭，機緣巧合下我認識了一位廠商，金盾貿易公司的張老闆。我們兩人聊的很開心，我告訴這位張老闆說，最近我們公司有在大陸設廠的打算，但是因為人生地不熟，不知道那個地方在物價、人力、運輸等等條件考慮下會比較適合？這位張老闆很熱情地告訴我，目前他是在寧波餘姚一帶設立工廠，那邊是個可以考慮的地方，環境很不錯。他還跟我說，如果未來我有機會路過的話，一定要去拜訪他，他可以帶我在當地走走。

幾個月後，我剛好有事情要去寧波一趟，我想說擇日不如撞日，乾脆順道來拜訪這位新朋友，於是我就住進了「太平洋酒店」。雖然私下旅遊的時候，我對吃跟住都不太講究，畢竟農家子弟還是有吃苦耐勞的習慣，但是如果我是有需要拜訪廠商的商務行程，我都會住好一點的酒店，因為有時需要一個比較舒服的空間來洽談公事。

沒有想到，當我在旅館安頓下來，好不容易透過電話連絡上張老闆，就感覺電話那頭的聲音有些意興闌珊。等我真的抵達他的工廠拜訪，他給我的感覺也不是很親切，有點愛理不理的樣子。我也不好強人所難，說不定那幾天他有什麼私事也不一定，但既然人都來到餘姚，既來之則安之，我就決定在酒店裡多住個幾天，順便認識一下環境，尋找適合設立工廠的地點。

過了兩天，早上我正準備要去酒店的餐廳吃早餐，突然有個說話是台灣腔調的人，從樓梯上方遠遠地對我叫了一聲：「趙先生！」。我本來很納悶，這邊怎麼會有人認識我，轉頭定睛一看，

寧波歐拓的工廠

原來是在台灣時常有往來的成全貿易公司的周老闆。他鄉遇故知，兩人都很高興，我趕快請他坐到我身邊。

我們在餐廳坐下來邊吃早餐邊閒聊，我就問他：「你來餘姚幾次？」他告訴我說：「我來這裡應該有二十次了吧。」在那個時候，餘姚這個城市還沒有發展起來，算是比較偏僻，還差不多是鄉下地方，因此我想，如果周老闆因為恰談生意而造訪此地這麼多次，那麼想必餘姚這邊應該有什麼資源跟優勢，是個可以長遠發展的基地。

有了這一層想法，我就打個電話回家報備，決定在此多住幾天，到處闖、到處問，看看有無門路。接下來幾天，我把自己關在酒店裡，一頁一頁翻開電話簿，看到生產汽車零件相關的公司企業，我就打電話去問，看看有沒有可以在未來進行合作的上下游廠商。

也許是因為改革開放還不夠久，在那個時候，大陸人的服務態度，都不是很親切，不管去何處，遇到的陌生人都常常擺著一張臭臉，不管是購物或者詢問，我也常常覺得別人是要給我軟釘子碰，說起話來並不是很舒服。有一天，我在電話簿上看到餘姚有個政府設立的招商輔導機構「餘姚對外服務中心」，我就專程跑一趟，過去打聽消息。沒有料到該中心有一位個子高高的接待人員，端茶倒水、幫我列印資料，很親切地對我說明當地的經濟與發展狀況、政府優待法規等等，於是我們就聊天聊了起來。

這個外號「阿強」的高個子是陳俊強先生，他是此地外貿中心裡的一位組長。我們聊了一聊，彼此之間很投機，我就一一告訴阿強，我是來這邊尋找設廠地點的台商，還有我所經營的產業、我的產業的需求與規格等等訊息。

當時阿強平日騎一輛腳踏車在外面跑來跑去，做人做事情也都很圓融，說話很客氣。通常我到外面辦事，都會隨手攜帶一點小禮物，讓客戶有好感，那陣子去麻煩外貿中心當然也不例外。往來幾次以後，阿強看到我住在五星級大飯店，大概感覺到我也是個有來頭、有身分的人，對我又更禮貌了。

後來，阿強就幫我逐一連絡廠商，帶著我去當地的人力市場大樓，尋找適合的員工。大陸的人力市場算是政府辦理的仲介公司，樓層裡擺放有很多張桌子，在桌前貼一張紙，上面用粗黑鉛字筆寫明應聘的需求待遇等等，在人力市場中等著找工作的人就會上來查看，如果覺得適合，就會自己遞履歷過來，勞資雙方談好條件，就可以正式聘用了。

也是在餘姚的人力市場，我應徵了戴衛紅小姐。我覺得我運氣很好，一開始就找到優秀的員工。當她把履歷給我看，我們洽談一下，我認為這位小姐很適合也能幹，於是現場就請她來擔任我的祕書。至於其他員工廠商，一時之間還無法物色齊全，不過阿強總是豪邁地拍拍胸脯，滿口說會繼續為我介紹優質的員工跟廠商，這讓我好像吃下了一顆定心丸。而且阿強還有「外貿牌照」，以後生產線的產品要出貨到台灣，就需要他的這張牌照。

緊接著我們就開始張羅其他庶務，我與戴小姐開始一間間去聘工人、看工廠、找模具供應商。我記得在餘姚第一家正式簽約的協力廠商，叫作「永豐塑膠工廠」，負責人姓魯，而這位魯老闆的弟弟，則在當地永豐村擔任黨書記，地方上的各種關係很好，辦起事情來很迅速確實。魯書記也介紹我認識了好幾家同樣是台灣老闆的其他廠商。其中有位台灣客家人金老闆，也剛好到此地做生意，我們在異國有幸遇到同鄉，那彼此談談說說，就不感覺寂寞了。

因為我是外來廠商，對本地不熟悉，這時候還剩下如何取得工廠土地的問題。一開始，透過阿強介紹，我在一處小巷子民房上頭，先租了一間小型辦公室，這時我又從台灣雇用老友曾子龍先生，來這邊幫我做事情，曾先生、戴小姐、還有我自己共三個人，又找了一個打掃阿姨，幫我們煮飯、掃地，就住在辦公室裡頭。後來聽說之前永豐塑膠廠的魯老闆，手上還有一棟廠房的整個二樓處於閒置狀態沒有使用，大概佔地是有兩百坪左右。我就整層向他承租，再加上購買的設備也陸陸續續到位，我在餘姚的工廠才可說是萬事俱備。此後我們便以「歐拓汽車用品有限公司」的名字正式開始運作。

我記得，剛開始在餘姚生活，我實在受不了、不習慣。主要是因為天氣非常寒冷，冷到我這個習慣溫暖氣候的台灣人，睡覺的時候還需要鋪電熱毯在床上來禦寒。白天時，如果我在客廳跟客戶廠商洽談生意，隨時都要點燃當地專賣的煤炭爐，才感覺比較舒適。

至於台灣人要在中國做生意，還要特別注意的就是，一定要找到適合的廠商、模具工廠。我們隨後便開模具來製造產品，工廠製造的各種商品就可以送回台灣，阿強在這個過程中也幫了我們不少忙。

由於當年大陸物價比台灣低很多，因此兩岸之間模具價格的差距非常大，可能價差會高達三倍。我因為台灣還有很多事務要親自處理，因此委託曾先生和戴小姐在當地尋找可信賴的「射出廠商」，也就是製造塑膠成型的供應工廠。說到祕書戴小姐，雖然我們才剛認

在寧波工廠兒子趙純立與同事暢飲

識不久，但是她對工作非常負責認真，又很細心，自我要求也很高，個性也很忠厚老實。我對她非常信任，並把重要的商務工作都委交給她。

記得戴小姐曾經這樣對我說：「現在辛苦一點，把基礎打好了，以後生意做起來就不用那麼辛苦。」身為老闆，看到自己的員工為了公司設身處地著想，當然感動。戴小姐如果有打聽到優質廠商，她都會詳細筆記起來，再幫我安排行程，我們便一個一個去拜訪參觀。每次簽約，她挑選過的廠商，我也都會再次確認，去廠商的工廠看看情況，等我親眼去廠內確認過了，看過廠房、看過製程、看過樣品，判斷這個廠商是否可以勝任我們的高品質需求之後，才會正式跟他們簽約。因為我在業內的時間比較久，經驗很老道，所以廠商行不行，基本上我一看就知道。

餘姚工廠營運後經過大概一年，我到餘姚去關心工廠狀況，這時戴小姐告訴我，有位在當地生產電腦鍵盤零件的台商李老闆，他有打算把整個工廠收起來，我趕快請戴小姐介紹我跟這位李老闆吃飯，當我們談過了以後，我就把李老闆留下的廠房整個轉租過來，新廠址讓公司省了很多麻煩，等於這是我在大陸的第二個廠區，地方有八百坪。因為地方很寬敞，我就決定把整條生產線都轉移到新的地方。

在中國大陸談生意，如果只有一個人橫衝直撞，難免被人家看輕，會遇到額外阻力，因為大陸那邊風氣不一樣，更看重生意人有沒有背景、有沒有排場，所以談生意之前，那種「做大生意」的氣勢要先拉抬起來。如果前面的溝通過程先找個代理祕書，去跟對方把原則性問題談好，最後再去簽約、議定細節，這樣比較好辦事。另一個訣竅是，如果對方工廠有相應品質，那麼即使開出的價格貴一些，我認為反而可以接受。我有幾個原則，比如廠區乾淨整潔的當然優先。或者是要先打聽這些廠商平常都供貨給那些商家，如果合作對象都是一些從來沒聽過、在業界沒名氣的大陸廠商，那可能產品品質也不怎麼樣；但如果供貨對象都是台灣廠牌、美國日本歐洲的廠牌，這個就可以信賴，因為這些大廠都會嚴格做品質控管，等於也是幫我這邊省下一些檢查的功夫。

另外，如果是原材料，通常我們會同時跟很多地方叫貨，因為原材料比較沒有技術問題，不管來源是誰，差異不會太大。但是，如果是跟電子有關的零件，比如電線、燈具、點煙器、插座等等比較精密的、需要製造技術的物件，我還是喜歡跟已經互相建立起相當信任關係的公司進貨。在大陸的一家廠商我認識一位年輕老闆谷忠權，當時才二十多歲，但是我一開始就覺得這個年輕人很有潛力，不但做生意很認真，每次見了面要離開，谷老闆要送客戶時，他都會親自送到門口，足見他對客戶的重視。如果讓我感到尊重，我也願意一直保持合作。

一開始在尋找廠商過程，難免跟這些廠商應酬，吃飯喝酒聊天閒談，其實也是滿愉快的。

我在台灣的生產線，因為產品繁多，所以公司需要的零件種類大概要快兩萬種，每個產品都要再由二十多個零件來組合完成。所以我的需求量較多，常常會有廠商希望能夠接到我的訂單，或者是跟我們簽約來為我們工廠提供原料。

也有一些比較負面的經驗，有一次去看某家工廠，覺得他們環境很好，在尋找廠商過程中，有一個廠商黃老闆，當我去看他的工廠時，對他的環境安排讚不絕口。沒想到等到要交貨的時候，送過來的東西完全不行。後來我一打聽，才知道原來在簽約前，我去看的那些「廠房」，根本不是黃老闆他自己的工廠，而是該廠商把土地承租給別人，他拿來冒充的。同時這個黃老闆對我們的產品沒有相關工藝跟知識，都是臨時惡補。結果雙方最後當然合作不下去，只能解約了事。在大陸，當時很多廠商都不管你要什麼貨，事前講的天花亂墜，什麼要求他都說做得到，但等到交貨才知道不是那麼回事，因為他們品質控管真的參差不齊。這是早期風氣比較不好的地方。

我常跟同事、年輕人說，我們做生意，除了自己本業要兢兢業業，如何洞察協力廠商更是一門不簡單的學問。通常來說，不可能一次就找到好的合作對象，就像研發製程要經過無數次試錯，好的合作廠商也都是千次百次篩選出來，口碑慢慢建立、信任慢慢累積，這種「路遙知馬力」是我做生意的重要原則，沒有捷徑可循，唯有腳踏實地，一步一腳印的將基礎打好，確保產品的好品質，建立起生意上的良好口碑，這樣才能獲得合作方的信賴，生意也才能走得更加長遠。同時，要在無數次地試錯中反思，不要因為一次失誤就感到絕望，只要不放棄，就能在失誤中找到成長、成功的機會。另外，從與他人應對之中累積信用、商譽也很重要，以真誠、共好的出發點與協力廠商合作，彼此作為夥伴關係，在同行的路上才能長長久久。

在上海汽配城設立公司

後來，大約到了2003年，我對中國大陸整個產業面貌、市場分布更加熟悉，我和公司開始去思考進一步的計畫。因為中國市場雖然很大，但真正有銷售潛力的，還是集中在那些比較大的沿海城市，譬如說廣州、上海、北京、山東等地。所以我在仔細考慮以後，想要再開拓版圖，就去上海設立一家「台卜丫汽車配件公司」。

一開始，我先各方去打聽，上海那邊有汽車的配件市場。我打聽到一家「凱斯汽配城」，那是把所有品牌都集中在一個地方，也等於是一個市集，可以當作參考，就決定自己先到上海去熟悉地方，到處轉一轉、繞一繞。當時我租了一間辦公室，也花了不少錢去做裝修。當時我找了一位台灣親戚，我太太的一個堂妹的阿姨，也算是我的長輩，她在上海作裝潢設計已經有好幾年，公司很有質感，設計出來的成品都很漂亮。我就委託她來幫我打理門面。因為我經營的是品牌市場，所以銷售公司的外觀一定得講究，不能馬虎。看起來就要有精品廠商的氣勢。

關於上海銷售公司，我本來的構想是，如果每個省份都可以找到代理商，那我們的銷售額就不得了了。所以我先選定上海建立主要銷售據點，不管產品要外銷內銷，首先有個定點根據地可以招待四面八方的客戶，讓客戶看樣品，所以在這裡又成立了「台卜丫汽車配件公司」。

至於員工的問題，我則是比照餘姚設廠的經歷，同樣在上海也跑到人才市場去物色，尋找適合員工。記得有天我抵達人才市場的時候，大樓已經快關門了，這時候卻有一個小女生看起來端莊能幹，我問她是不是要找工作，我們就稍微談了一下，應對很流暢，我的印象很好。她說她名字叫做蔡捷，人長的漂亮，能力又好，我也馬上聘用她。

另外，因為那時候我在台灣、餘姚、上海三地跑來跑去，有點分身乏術，時間非常壓縮。所以我又找了一位台商張先生，張先生本身學識很好，以前還在天主教輔仁大學裡面教過廣告設計，也算是一個知識份子。我就委請張先生幫我來擔任管理職務，他算是台卜丫汽車配件公司的辦公室主任。

然而，在大陸，整個社會氣氛還是有很多想法跟我們台灣不太一樣。比如說上海有很多廠商都來跟我們公司談代理，每次合作起來都容易發生大小摩擦。他們很習慣要別人賒帳，也不太願意款到發貨。我跟趙守博先生的弟弟趙宏利先生是很要好的朋友，他也在上海做過好幾年的生意。有一次聚餐，他就從自身經歷來特別提醒我，在大陸做生意，如果沒有款到才發貨，

參加浙江義屋展覽的英文翻譯人員　趙婷婷

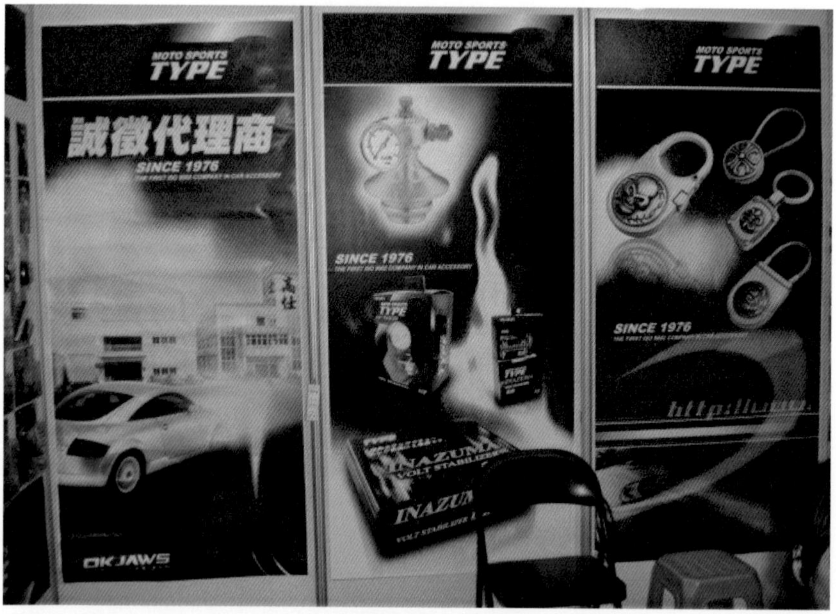

上海展覽應徵代理商

參加上海展覽會

高仕公司參加世界各地展覽會

最後很可能貨款會收不回來。幾次教訓下來，果然被趙宏利說中，我上海的銷售中心就因為這個理由吃了不少次悶虧。

還有一個問題是，對岸的政府，在管理上不時有問題。譬如說我到上海去的時候，會把一些樣品裝進大行李箱，用手提的帶過去。但是在我入境的時候，大箱子常常會被海關無故扣留，我只好拿出一條香菸塞給海關，但海關人員傲慢地看我一眼，臉上神情不置可否，但是故意不說話。我也不是第一次跟大陸官員打交道了，心裡非常清楚知道那就是嫌分量不夠的意思，於是，我掏出護照，從錢包裡面找出一張一百塊美金鈔票，夾在護照裡頭。我再把證件遞過去，然後跟海關人員好聲好氣拜託：「長官，那就請你再看一下、再檢查一下我的證件有沒有問題？」果然花錢消災，對方翻了一翻護照，馬上堆出一張笑臉，立刻把我放走，行李箱當然也就「沒有問題」。這類的事情層出不窮，也讓我們這種本份做生意的商人，很容易遇到莫名其妙的刁難。

最後，在這些客觀條件的限制下，公司在上海的銷售中心營運業績一直沒有明顯起色。當時由台灣製造的產品，要運至大陸的進口關稅都抽的很高。由於我沒辦法常常待在上海辦公室，聘請的年輕員工還有台灣幹部，也就沒有被嚴格監督，所以他們工作時比較沒有效率。大概到了第七年，大兒子原本有意接手上海的業務，但是公司內部仔細開會討論以後，終究還是覺得無利可圖，後來乾脆決定收掉。說起來上海汽配城其實也算是一次失敗經驗，當然，這次經驗卻也讓我對人性、管理、跨國貿易這些方面又學到不少東西，同時更也對中國的投資環境、整體市場利基，都有了更多的認識與了解。比較可惜的是，之後沒多久，我便決定退休養老，沒有繼續在大陸進行擴張，否則這一次珍貴的教訓，一定可以幫助公司制訂更周全的計畫、繪製更穩健的藍圖。

CHAPTER 4
公共關懷

社團服務的時光

在1994年，有一次我受邀去參加花壇鄉三家村的傳統媽祖生日祭典「老拜」，當天席開多桌，還有酬神演戲，場面非常熱鬧。說到這種民間拜拜，通常都會請外面總舖師整團過來辦桌，再把自己的親戚、朋友、熟人全都找來一起吃飯。這時候，有一群獅子會的成員出來逐桌敬酒。其中一位是我的老同學林印職，他一看到我，就充滿熱情跟我打招呼，然後問我：「老同學，我們獅子會現在正在招收會員，你現在事業這麼成功，一定要來參加我們獅子會，跟我們共襄盛舉！」面對老朋友熱情邀約，我只好恭敬不如從命，過幾天，我就辦好了入會手續，加入C3區花壇國際獅子會這個溫馨熱絡的大家庭。

可能是因為我廣結善緣，遇到事情從不推託，人緣還算滿不錯的，所以在我加入以後才第二年，獅子會裡面就開始有了一些討論，打算安排我來接任會長。其實，按照獅子會的倫理與制度，會員升級應該是由第三副會長開始，接著擔任第二副會長、再進入第一副會長，最後才能夠負責會長這個重要職務。所以當我知道，包括花壇獅子會的創會長陳地芳以及林印職會長、理監事會直接推舉我擔任第三屆會長，對我是一種鼓勵。考慮到眾人的期望，消息傳出後，我也不敢推辭，只能夠慨然受命，沒有扭扭捏捏的道理。在交接典禮當天，我的太太妙芳，帶領全部家中子女一起上台獻花，我很高興地接過，心頭也覺得非常溫馨，我暗自期許：會長任內我必定不會辜負親愛家人和眾多會友的囑託！

我們獅子會內本來就有個高爾夫球隊，在我接任會長的那一年，一些喜歡運動的會員熱心提議，要不要來辦一次「監督杯」的高爾夫球比賽，增進彼此感情、也能夠強身健體。那一屆獅子會Ｃ３區的陳成林監督，他平素就熱心公益，鄉里對他也都很敬重。在我去跟陳成林監督討論舉辦比賽的各種細節的時候，他還特別謹慎，仔細問我：「我們會裡面有那麼多人在打高爾夫球嗎？你看這個比賽，到底可不可行？參加的人數夠不夠多？」原來他是擔心報名情況不夠踴躍。

這次比賽還有個小波折。一般來說，因為彰化縣跟我們南投縣，都屬於獅子會C3區，所以在舉辦活動之前，還要先經過獅子會區內閣的討論。原本，上面開始的時候有意見，但是我們鍥而不捨地去向區內閣溝通協調。我告訴區內閣，在我們整個的花壇獅子會會員中，其實喜愛打高爾夫球的球友確實不少，而且這種盛會，也能夠幫助會員們彼此交流連繫，還能夠鼓勵大家去到戶外踏青，可說是一舉兩得。區內閣聽了我的計畫跟說明，當下也欣然同意。

比賽當天，報名參加的人數就有兩百多人，可說是場面浩大、盛況空前，超乎我意料之外的多，先前監督還擔心說可能只有幾十人報名，擔心辦不成，看來是多慮了。因為報名踴躍，最後我們得要包下兩個球場，一個是彰化球場、另一個則是台豐球場。兩處的場地設備一流，選手也是高手雲集，非常熱鬧。許多參賽選手帶著家人朋友來現場加油，並且以最佳狀態打出了自己的破紀錄成績，比賽最後也圓滿成功。

我想這一次球賽，大概是彰化這兩個球場的單日進場人數破紀錄的一天。這也要感謝花壇獅子會的獅兄獅嫂、還有廖美惠祕

上任獅子會會長帶領全體獅兄獅姐的宣誓

書的全心投入，更要感謝高爾夫球隊隊長陳立德獅兄，才可以順利完成這場賽事。

這一次活動更讓我深深體會到，組織結社，是「眾人之事」，除了要詳加規劃、提早安排，每場活動成功舉辦的最重要條件，就是所有會員的熱心參與、無私奉獻。抱著這個宗旨，我在會長任內每每是全力以赴，希望把我對於鄉親的熱情，傳達給整個花壇鄉、傳達給所有獅子會會員！

另外一個讓我在會長任內感到無比充實的獅子會活動，就是我們每個月所舉辦的「月例會」。我知道獅子會成員大多事業有成，平日裡忙於工作，花在公司的時間搞不好比在家裡還多了好幾倍。從小我就是一個非常重視家庭的人，所以我那時

獅子會會長交接典禮的致詞

知道很多人太過投入工作，心裡就馬上想：「這樣不行！我們應該要更關心家人、花更多時間跟父母子女共享珍貴的親情！」

所以，每次月例會我都會一一打電話，鼓勵會員在「月例會」把小孩、父母都帶出來，既是享受天倫之樂，也是和其他會員深度交流。「月例會」同樣大受歡迎，許多位獅兄、獅嫂、獅爸、獅母都熱烈參與，利用這個美好的日子，和最親愛的家人談心、一起分享人世美好。畢竟，我們之所以辛苦工作，就是為了帶給家人最富裕的生活，所以不要捨本逐末，忙於工作卻忘記家庭。無論工作如何繁忙，我們總是要撥出空閒，把時間跟心力留給無可取代的家人朋友！「月例會」活動又是我在會長任內，另外一段特別美好的回憶。

等到我卸任、交接會長的那時候，也許是因為會員們都肯定我熱心會務，也喜歡我單純誠懇的個性，當天獅子會必須席開七十桌，才能容納所有報名前來參加卸任餐會的佳賓。我看到有這麼多熟識的朋友都來祝賀我、歡送我，真的非常感動，當時眼睛鼻子都熱熱的。這一年來的付出，瞬間都有了回報。

不過，在交接當天，有個小小糗事發生。在上台進行卸任分享之前，我本來不想演講太久，希望自己言簡意賅，把時間留給大家聚餐的歡樂時光。所以上台前我特別準備一個碼錶，去計算測量我上台說話的時間，本來預計差不多講個五分鐘就要結束，然後趕快讓大家去開心吃飯談天。沒有想到，當天帶上講台的這個碼錶，居然臨時出了故障，按下開關後，它一動也不動，但我卻傻傻的沒有發覺。於是本來預計五分鐘不到的分享，最後足足講了二十分鐘！一直等到下面的人傳紙條給我，提醒我趕快換下一位，我才如夢初醒。

不過，也許是因為，平日對獅子會務的投入，雖然分享超時，但是我也聽見台下笑聲不斷，也有很多老朋友用十足肯定的表情，來回應我的告別演說。最後典禮結束時，獅子會的新朋友、老朋友，都紛紛上來跟我握手感謝，然後大家互相分享這一年來，獅子會裡的各種交流點滴，還有我們自身的成長茁壯經歷。這裡我要再次感謝上帝，給我這個難得的機會，讓我可以為了獅子會務付出奉獻、也可以在獅子會裡認識如此多熱情溫暖的朋友。也許「獅子會」這個社團組織所期許於會內成員的，正是希望會員要如同獅子一樣，可以承擔責任、充滿勇氣迎向挑戰的「領導型人格」。在我擔任會長的這段時間，總是殫精竭慮要把每件事情做到最圓滿、努力當一隻站在隊伍前方帶頭的雄獅，可說是一段無比豐盛的旅程！

最後一提，當天在我卸下會務，告別朋友之後，筋疲力竭回到家中，突然感觸很深：「不管在外面怎麼打拚奮鬥，最後人要回去的地方、人真正的巢穴，還是溫暖美滿的家庭啊！」我要在此感謝妻子和所有家庭成員，無時無刻給我的支持及包容。日後，每一次我翻開花壇國際獅子會第三、四屆會長交接的紀念特刊，算了一算裡面的紀錄才知道，這一年內，我參與大小活動及會議的總數，竟然高達一百七十六次，簡直是每兩天就有一次公務行程，如今回想，這段旅程真是無比充實、但也有些瘋狂。

接受100分女兒趙純君的獻花

榮任獅子會會長對總管林垂鎮披掛彩帶

前總統馬英九先生蒞臨「天水獎」

2021年的時候，我接任中華趙族宗親總會理事長第二年，在4月10日舉辦「天水獎第二屆傑出宗親頒獎典禮」。成立宗親總會是為了保持趙姓宗族的完整和團結，「天水獎」是為了表揚台灣趙姓人士，在各行各業中的傑出表現和成就，所舉辦的頒獎大會。我要特別感謝前省主席、行政院祕書長，也是與我同宗的趙守博宗長，當時在大會現場，讓我有一次難得機會，可以與前總統馬英九先生合照。

當時大會開始前三十分鐘，馬前總統的隨扈就先進駐頒獎會場，尋找宗親總會的理事長。找到我後，很有禮貌的請我到會場外迎接馬前總統。我還沒接待過曾擔任總統職位的人，感到有點緊張。馬前總統搭乘車子抵達會場後，隨扈幫忙打開車門讓他下車，引導他到會場。當我見到馬前總統，我告訴他：「你是世界上最帥的前總統！」馬前總統笑著回答我：「這把年紀了不要再吃我的豆腐。」當我引導馬前總統到簽到處，馬前總統拿出自己的簽字筆，蹲下馬步一筆一劃非常用心簽下「馬英九」三個字。

簽完名後，我繼續引導馬前總統到貴賓室，同時趙守博宗長、東華大學校長趙涵捷也抵達，隨扈告訴我等一下可以陪著馬前總統聊天。我照往常先分發我的名片，馬前總統拿到我的名片翻到背面，看著我的經歷。趙守博宗長開始介紹我：「銀環每年都去很多國家，拿著皮箱一個人闖天下。」馬前總統聽完問我：「做什麼事業？」我回答說：「我做汽車零件。」馬前總統也想拿名片給我，但打開皮夾發現沒有名片，說：「沒關係，我叫隨扈拿給你。」馬前總統接過隨扈拿來的名片遞給我，在我旁邊的趙守博宗長說：「銀環，我還沒看過馬前總統拿名片給其他人，趕快拍照紀念。」那時候身上剛好沒有手機，所以趙守博宗長就幫我拍了與馬前總統的合照。拍完照片，趙守博宗長跟我聊天時說：「銀環，這一張照片價值一百萬。」感謝趙守博宗長的成全，讓我有機會與馬前總統一起拍一張照片。

後來，與馬前總統、趙守博宗長、陸委會前副主委趙建民、前立法委員劉盛良寒暄，到頒獎台上的貴賓席坐著等待大會進行，我的左邊坐著趙守博宗長，趙守博宗長左邊坐著馬前總統。大會開始進行，輪到馬前總統上台致詞。他帶著一份用透明卷宗製作，由幕僚擬定的稿件，站在台上一頁一頁翻著稿件致詞。

與馬前總統的互動，給我一個很重要的啟示：做任何事情都不能馬虎。雖然身為前總統，

馬英九蒞臨天水獎前的會前會 左一趙守博 左二前公平交易委員會的主任委員趙揚清

銀環至前總統馬英九座車迎接 右一是前省主席趙守博

117　前總統馬英九先生蒞臨「天水獎」

與前總統馬英九交換名片，趙守博前主席拍攝，主席說沒有看過總統給名片的

接待人員要等待他進入會場。但在簽到處簽字時，也是蹲好姿勢，一個字一個字用心簽名。在台上致詞時，一般人看稿致詞會覺得不好意思，但馬前總統一頁一頁翻著稿子，按照步驟致詞。人在做任何事情時，影響事情能不能成功的關鍵，總是差在嚴謹度夠不夠。馬前總統讓我知道，做人做事都不能緊張，要按照原本該有的步驟，按部就班進行。

高年級遊學生

壓力下的成長，起初，我在做生意時，若遇上外國人，我破爛的英文完全行不通，以前學了六年的英文等於零，因為我是一個很不喜歡讀書的人，看到文字就會想睡覺。當在生意上遇到外國人，我連一句英文都說不出來，內心那種強烈的打擊與尷尬，讓我非常渴望能學好英文。結婚生子後的我，終於決定在 1978 年飛到美國去學英文，其實出國之前並沒有做很多的準備，也還沒有註冊任何一間學校。

到美國後，我姑姑陪我前往林奇堡學院，到教務處告訴他們說我要學英文，教務處告訴我需要考試，但我並沒有通過考試。後來我和他們溝通，說我旁聽也可以，最後教務處跟我收了一筆學費，同意讓我旁聽。林奇堡學院只有兩個台灣人和一個中國人，我們那一班都是來自各國的學生，到美國留學前要先上語言班，其他同學幾乎都是研究生，所以上課時他們都能跟上課程的進度，我卻沒辦法跟上。幾天之後我又跑到教務處，我跟他們說上課內容都聽不懂，因為我的程度沒有其他同學那麼好，美國的民主制度真的很好，學校收了多少費用就要給多少時數的課程，所以他們替我另外安排一位趙老師進行個別教導，以抵銷我所付的學費，而其他課程我依然可以去旁聽。美國學校的環境確實很好，讓學生們都喜歡待在學校，創造好的學習環境真的很重要。

姑姑帶她的孩子去上課時，也會順便送我到林奇堡學院，在下午六、七點接孩子的同時，也會到林奇堡接我。我平均一天在學校待十個小時，每天固定會做兩件事情，一是去游泳，因為學校有室內的溫水游泳池，二是到福利社買只要兩塊半的鮪魚三明治，我每天的午餐都吃這個，當

美國留學我的個別指導老師上課情況

時美金一塊錢兌台幣四十元。除了上課時間，我幾乎都耗在語音教室，重複的複習上課內容。在美國的這段期間我過得很充實，快樂的學習我想要的東西，每一天都能接觸到新鮮的事情。

到了美國的第二個月，我想考取駕駛執照。姑姑有一位從韓國遠嫁到美國的朋友—Peggy，她反對我去考駕駛執照，因為她考了九次都沒有通過。我心裡卻還是想去嘗試，希望能夠有個經驗。我帶著我表弟的兩個火柴盒小汽車玩具，到美國考駕照的機關，我以為那裡會跟台灣的監理所一樣，台灣以前的監理所會提供汽車讓你考駕照。我對那裡的工作人員說：「Your company have car can I test」，並搭配著強烈的肢體動作，他笑笑的回了一句：「No」。

我報名了考試並交了九塊美金，現場會馬上幫你拍照製作資料，並進行筆試測驗。測驗時，我看不懂英文只看得懂圖片，題目是：遇到主幹先行還是支幹先行，我從口袋裡拿出火柴盒汽車，告訴考官：「This GO, Okay, This car GO」，筆試便順利通過了。接著，開始路考，美國考駕照最重要的事情是，上車一定要繫安全帶，如果沒有繫安全帶，監考人員會馬上請你下車，所以我的注意力全都放在繫安全帶上。筆試和路考都通過後，我成功地拿到了美國駕照，有了這張駕照，我辦事情會更方便，在兌換旅行支票時，也只要拿出這張駕照當證件就可以了。

所以與其高談闊論不如起而行，人生也不要自我設限，自我設限就等於把自己的未來堵死了。也因為在美國這半年的學習經驗，讓我能夠到世界各國做生意及觀光遊覽。

我在美國語言學校有一位同學叫 Sandy，她是德裔美國人，這位女同學長的很標緻，身高應該有170公分以上，平時跟她互動不會用英文溝通，只會用簡單的 YA、YES 來回應，一般都順從對方的意見。有一次這位女同學要約我去看電影，她問我喜不喜歡看電影？在詢問我喜歡的觀影位置後便幫我買了張電影票。一般在台灣，男女相約看電影，都會聯想到兒女私情，但在美國這只是友好的意思，因為隔天 Sandy 就拿她男朋友的相片給我看，問我她男朋友長的怎麼樣？所以在美國，男女一起看電影是友誼的象徵。這件事也讓我認識到國情文化的差異，西方人都是以廣義的愛，而東方人大部分都是狹義的愛。

在某個星期一，我告訴 Sandy 我星期四將要回台灣，因為我接到台灣的電話讓我回家，Sandy 聽到我要回台灣，她的反應是：「My God（我的天阿）」，她回家馬上做了一疊的餅，三、四個疊在一起，隔天就拿到學校來送給我，並跟其他同學一起分享。餅上面插了一支籤，寫著 Henry is very smart,I love you，這讓我很感動，四十年前在台灣聽到 I love you，我都會聯想到對方對我有意思，而這在西方文化是和善的語言，這正是東方和西方文化的不同。這張字條我現在還保存著，已經超過四十年了。在美國進修這段期間，我不但活出自我，也學習到很多事情，這樣的生活既快樂又充實。

住到美國的姑姑家裡之後，我將近一個月沒有吃到速食店以外的食物了，在美國幾乎都是上麥當勞、肯德基。有一次，姑姑邀我到她公婆的家裡吃午餐，在美國，媳婦不會和公婆家住在一起，都是各自生活。對於要到姑姑的公婆家吃飯，我內心滿是期待，以為會有豐盛的家常菜，沒有十二道菜也有六道菜，結果姑姑還是開車到肯德基，點了一些餐點後，前往公婆家，每人分一包餐點和一瓶可樂，各自找個位子坐下。我想像中大魚大肉的大餐又飛了，在台灣我習慣吃控肉飯，美國卻沒有控肉飯，所以我有一點不習慣。但人類是適應能力強的動物，兩個月之後我就習慣了。美國人不會花費很多時間在

美國林奇堡學院自修教室服務的同學 Sandy

美國萬聖節和打扮過的小朋友們合照

飲食方面，因為他們講究的是速度、效率。姑姑偶爾會烤個牛排、馬鈴薯，那是我的最愛，因為姑姑烤牛排的技術很好。

俗語有一句話叫做入港隨灣、入鄉隨俗、一鄉一俗，強調若是來到一個新所在，要學著了解此地的特色、風土民情。其實人是容易習慣的動物，許多事情只要習慣了就好。

我的國會之旅

四十多歲的時候，為了公司的長遠發展，那陣子我很希望拓展業務範圍，特別是國營的中國石油公司，尤其是我鎖定的潛在優先合作對象。因為中油公司的加油站可說遍佈全國，這也意味著大量的銷售據點。如果我們跟中油建立起穩定長遠的合作關係，那麼對於公司的營運、品牌的經營、通路的擴展，當然都會有非常大的幫助。

因此，在那段期間裡，我積極透過幾位生意上的朋友，認識中油工會中的一位黃姓理事長，他當時也是民進黨籍的國民大會代表。再透過這位黃理事長，我有了一次難得的機會，可以與湯火聖、李炳南兩位國大代表相約。我們說好要在國民大會開議的期間，趁著他們下午開會的空檔過去做拜訪。他們告訴我，當天我就先去松山機場，裡面有國大代表專用的接駁車輛跟休息室，那我就可以直接從松山機場轉車，直達國大開會的陽明山中山樓。到那個時候，我們三人再來好好聊一聊。

到了約定當天，我如約先抵達松山機場。平常如果有需要去拜訪達官顯貴、商場夥伴，我都會特別打理自己，保持儀容得體，全身西裝領帶，再拎一個商用的 007 手提皮包。這天當然更不例外。我到達了松山機場以後，就有接待人員過來，他請我先前往國大代表的貴賓休息室，然後泡了杯咖啡、端一盤水果給我，對我的態度非常禮遇。這時，我心裡忍不住偷偷嘀咕：「我是不是被他們當成國大代表了？」真的是人要衣裝、佛要金裝，如果一個人看起來體面尊嚴，別人也才會用相應的尊敬態度去對待他，這是當場我的一個心得。

在休息室裡等了十五分鐘，我隨口請問接待人員：「車子來了嗎？」接待人員趕快客氣道歉說：「對不起、對不起，都是我們的錯，這邊就請您再稍等一下。」幾分鐘後，又有人來引導，幫我拿公事包、陪我去接駁車停車處，同時更幫我打開車門，並且伸出手，擋住車門上端（因為怕貴賓進入車門時撞到頭），非常體貼。

上車以後，我就詢問駕駛先生：「接駁車是誰提供的？」駕駛先生則笑笑告訴我：「這個不能說，代表心裡有數就好。」於是在車子上，我就用行動電話打電話給國大代表李炳南的助理，陳仲文小姐，告訴她我即將要抵達中山樓。後來車子抵達陽明山，要下車的時候，駕駛遞來了一張單子，請我簽名。我愣了一下，不知道要簽什麼名字，想了一想，我就簽下當天要拜訪的湯火聖國大代表的名字。

下車之後，陳仲文小姐過來迎接我，當時已經快要中午，我認為來到陽明山拜訪兩位國會議員（國民代表），請他們吃個飯那是基本的禮貌。但是湯火聖非常客氣，連連搖手，他說：「不用不用，樓上就有餐廳，我們一起上去吃飯就好。趙先生不用破費。」我們吃飯時，同一桌還有幾位不同政黨的國大代表，國民黨、民進黨都有。我聽見他們的對話：

「剛剛我想把你的桌子掀掉！」

「那你怎麼不掀？」

「錄影鏡頭沒有對著我們啊！如果鏡頭對著我們的話，我就會把你的桌子掀掉。」

聽的人也面露微笑，顯然兩方對於「國會殿堂打架」這件事情，心中都很有默契。

下午在國民大會正式開議之前，我就跟湯火聖兩個人在中山樓四處閒逛參觀。當時天空飄起一點點毛毛雨，湯火聖還幫我撐傘。走著走著，湯火聖告訴我一些政壇趣事：「其實李登輝總統不喜歡來中山樓，因為每次來，都要被砲火全開，質詢的問題都很精靈古怪，很難回答。另外一個原因是，李登輝第一次來中山樓的時候，還發生了一次小車禍，他覺得這邊不太吉利。」

湯火聖也跟我說到：「因為陽明山上交通比較不方便，在國民大會開議期間，多數國大代表都不喜歡待在中山樓賓館，下午五點結束之後，他們就趕快回到台北，去過繁華的夜生活。

可是我身上還是有學者性格，反而特別喜歡陽明山上的安靜氣氛，在每個國大會期的晚上，我就都留在山上看書，充實自己。其實台北市裡面太過喧囂了，人還是要有一些時間，需要沉澱、沉澱。」

下午國民大會繼續議事，我也趁著這次難得的機會，進入國會議場去旁聽一下。整個會場莊嚴肅穆，高聳的講台、整齊劃一的座位，設備非常高級，裡面大概有三百多個席位，但是左看右看，當場卻只有十一人就座，老實待在自己的位子上。另外有許多國大在會場各處走來走去。也有的人在旁邊看報紙、找人聊天，做各種自己的事情。剛好這時候，質詢台上面是彰化選區的國大代表——林勝利先生。之前我們在其他場合也有數面之緣。我看見電視台的鏡頭此刻正對準林勝利，他在台上也顯得特別有自信，接著就侃侃而談。

因為過去黨外運動的時候，我也有很多次在台上演講的經驗，我曾經當過民進黨彰化市長陳文騰的助講員。所以當我看見林勝利在鏡頭前發表的津津有味，不禁回想起自己的經驗。如果台下觀眾只有小貓兩三隻，那麼輪到我講的時候，我也會感到沒勁。可是整個國民大會會場，雖然沒有幾個代表認真聽其他人發言，但只要有攝影機在拍攝，這些國大代表就突然整個人都有了精神。這也是滿有趣的一個現象。因為國大代表都知道，等等講的話、做的事，很可能有機會上到晚間新聞跟報紙頭條，當然要全力以赴、當然會精神百倍。所以，為什麼大家都想當民意代表，因為人類喜歡活在別人的掌聲中，追求掌聲、往掌聲前進，這是人的天性。如果你發現自己被社會重視、被大眾關注，當然就會特別有幹勁，特別有表現慾，這可能也是追求功成名就的一種重要心理動力。

當天下山的時候，我搭乘一位姓葉的國大代表的便車。在車上我問這位葉代表：「平常看新聞，國民黨跟民進黨兩黨互相吵得很兇，但我今天看到你們相處的滿融洽的呀！」葉代表笑著回答我：「剛剛當選進來的時候，氣氛比較嚴肅，大家也比較有政黨之間的競爭意識，有時候會發生爭論或口角，吵得不可開交。但其實你想想，我們為了開會，每次都要在中山樓裡面關許多天，每天又朝夕相見，大家慢慢的也就打成一片，感情越來越好、越來越熟，其實私下都是好朋友了。」葉代表的這一席話，反映了在台灣社會統獨藍綠對立的表象下，不為人知的政治生態。

在我們台灣，有一些比較關心政治的家庭之中，會為了各人所支持的政黨不同，或者是出於意識型態的爭執，家人親人之間發生劇烈爭吵，弄得很不愉快，這實在很不值得。就像這次的「中山樓一日遊」讓我看到了政治人物的另一面，他們在電視鏡頭前的衝突對立，也有很多都是表演，等到私下真正相處的時候，大家還是可以相敬如賓、客客氣氣。做人的道理本該如此，公事上可以就事論事、脣槍舌劍，但回到日常生活中，那又是另外一回事，沒有必要把政治意見放入社交生活中，是不是呢？

其實，在報紙雜誌、電視新聞上的各種報導內容，常常不一定完全是真的，有時因為刺激銷量或者政治考量，很容易對於事實加油添醋，更甚至，當事人自己都有刻意去表演、做秀的意圖，未必反映出這些人真正的想法和心情。就像這一次，如果不是親眼目睹，我怎麼會想到，平常看起來水火不容的國民黨、民進黨的民意代表，私底下根本就是好朋友，同桌吃飯的樣子看起來就交情匪淺，而且他們也都能夠公私分明，在台上可能要大聲辯論，但是幾分鐘後就握手言和。如果報紙讀者或電視觀眾被新聞所迷惑，誤以為政治人物、不同黨派之間是水火不容，並且因此跟政治立場不相同的朋友家人就此吵了起來，影響到人際關係，那豈非很不值得。

所以我的想法是這樣：比起關心政治，更要把自己的本業照顧好、把自己的生活都好好安頓、還有要珍惜那些身邊親愛的人。不要把政治也帶進生活中，能做到這點，可能比投票給哪個總統、支持哪個政黨、上街抗議遊行更加重要。因為在朋友家人之間，即使大家支持的政治理念或是國家認同不一樣，但那些都還是抽象的觀念、也是看待世界的角度上不同，而不是真正的是非對錯。例如，我參加各種民間社團，包括獅子會、扶輪社等等，大家都有一個共識，就是不談政治和宗教，這樣，才能維護組織內的和諧氣氛。而且只有氣氛和諧、感情融洽，任何組織才能夠有效率運作，完成組織原本設定的目標。在我當了一天的「國大代表」以後，我更加堅定了多年來我「不講空話、避免意氣之爭、埋頭苦幹做事」的信念，也期許自己，要保持謙和溫暖的人格特質，盡量去避免沒有意義的政治爭論。

對政治選舉熱衷的形成

我曾經對政治很狂熱。每次舉辦選舉，不論規模大小，只要有政見發表的場合，我都會大老遠跑去參加。有一次彰化市長選舉，參加民進黨陳文騰所舉辦的一場政見會。那個時候我本來跟陳文騰的人馬都不認識，但因為我對政治很有興趣，所以我就去政見會場，還特別到他的競選總部找人聊天，建議他們可以把彰化地圖做成文宣品，到處散發，這樣子民眾開車找路的時候只要打開這張文宣地圖，同時也就會看見陳文騰的每一條政見，可以更有效的爭取選票支持。

當然，那時候我主動提供建議其實是一個藉口，主要因為我想要多了解選舉過程、多參與政治事務，所以也算是透過在競選總部走動，希望有機會加入他們的團隊。不久之後，果然有競選總部人馬來到花壇鄉打聽我在地方上的為人，他們先做一些身家背景調查，之後真的就找我進去幫忙選舉。我那時去當陳文騰的助講員，如果場子上有全國知名的政治人物來站台，就給他們講，有時候沒有佳賓，那我就用助選員身分上台，對下面講得口沫橫飛。

後來謝聰敏在彰化競選立委，我也擔任謝聰敏後援會的副總幹事，有幾次還陪同謝聰敏的太太，到處去拜訪地方頭人。還有一次，我很剛好的跟謝長廷同台演講。選舉啦，政治啦，原本都是我不熟悉的事情，但因為發生興趣，我就硬著頭皮去加入。當時我的時間安排還比較有彈性，如果候選人要舉辦政見會、造勢遊行，我都會參加。平時我的車子上都會準備西裝領帶，如果有需要，或是突然有比較正式的場合，可以馬上換好衣服，立刻應變。

後來，我也陸陸續續結識好幾位政治人物，無論藍綠色彩都有，國民黨有趙守博、民進黨有湯火聖、新黨則是李炳南，這幾位都是比較熟識的朋友。我跟李炳南會認識，是因為我的老友曾子龍跟李炳南是同學，那時候李炳南也在台灣大學教書，曾子龍就帶我去台大認識李教授。去拜訪他的時候，我跟一個年輕女學生聊天，這個女生告訴我，她因為讀了李炳南寫的三民主義研究，覺得很佩服，想要當他的學生，才特別來考台大研究所。有一次我跟李炳南一起參加溪州焚化爐的抗爭活動，就有抗議民眾過來指著李炳南的鼻子破口大罵：「外省豬滾回去！」他笑一笑也不生氣。李炳南競選國大代表的時候，王建煊有來站台，我也有機會跟他寒暄過。

說到李炳南這個人，我印象很深刻，也覺得他很有風度、很會做事情。譬如說選舉期間跟幹部開會，有時候下面的人都會提出很多有的沒有的意見。但是李炳南很有雅量，各種各樣、天馬行空的意見他都能接受，很沉的住氣，絕對不會因為別人講話思慮不周或態度比較差比較急，就跟下面的團隊發生不愉快。他很尊重別人。所以我的思考就是，做大事的人、可以委以重任的人，都會有種特質，就是很大度、心胸開闊。

政治圈是複雜的生態，我很意外人生有機會參與其中，在裡面也學習到很多。像是政治人物在面對選民時必須縮小自己，看到選民的需求，以及彼此的關係。另外，腳踏實地的安安份份勤勉努力，民意如流水，選舉激情過後，最終還是在政治管理與服務中，檢視政治人物的價值。最後是注意他人的優點，記住別人的好、別人的長處很重要，不要吝於對他人稱讚，因為這些小細節，都有可能成為人生路上，看不到卻很真實存在的助力。

鐵馬車隊登記參選鄉長

在大概1998年的時候，我自己也有一次投入地方選舉，那是寶貴而有趣的經驗。回顧當初參選鄉長的想法，一方面在於，參加地方選舉的初衷，仍是我渴望回饋、服務鄉里的心願，一如過去我積極參與公益社團那樣；另一方面，選舉過程也讓我看清楚世態炎涼、人情冷暖。有些每天相見的朋友平常客客氣氣，好像彼此要好的要命。等到真正因為選舉去請託他們的時候也滿口答應，但是最終還是袖手旁觀；也有的人嘴巴上面

鐵馬車隊前往鄉公所辦理候選人登記

對我說要大力支持，但結果卻在看不到的地方百般扯我後腿。

當然，最珍貴的就是患難見真情，仍有許多真心支持我的朋友。當時我沒有黨派後盾，不過最後還是得到了兩千多票，每個票箱大概獲得幾十票，都是一些因為理念相近才投給我的支持者。

說起我從政的核心理念，其實也來自我的經商哲學，每次我做產品研發製造，無不拼盡全力，要把最高品質的商品帶給我的顧客，那也是「高仕汽車精品」商譽卓著的最大原因。所以，當我看到故鄉花壇的建設停滯、發展落後，心中油然昇起一股不服氣——我相信只要用心投入、燃燒生命去做事，沒有道理花壇鄉會比別的地方差。由於

參選花壇鄉鄉長　宣傳車上面祝福鄉民

平日商務繁重，多年來我算是全國走透透，各地鄉鎮的情況我都很熟，所以當我看見故鄉花壇的排水系統堵塞、行政館舍老舊，顯然建設狀況比不上其他地方，這時候就難掩自己一腔熱血，覺得自己如果有機會，一定可以造福鄉里。

那時候我的公司剛剛通過 ISO2000 國際標準認證，是台灣汽車百貨用品整個業界第一家通過的公司，因此公司特意舉行一次記者會，要跟社會大眾發表這個好消息。當天記者一共來了十多位，大報社的記者我就包個兩千塊紅包，小報社的記者我就包個一千塊錢紅包，算是感謝他們的辛苦。不過有一位《自由時報》姓黃的記者把我拉到旁邊跟我說：「董事長不要這樣，要包就要都包一樣。」記者會開始後，竟然有人發問：「花壇鄉鄉長的選舉目前狀況如何？趙先生有沒有考慮要去選鄉長？」結果不知道為什麼，隔天報紙上面就刊出，「趙銀環要投入花壇鄉長競選」之類文字。

還有一個讓我決定參選鄉長的助力是，在記者會前，有一次我在路邊加油站偶遇國大代表湯火聖，我們原本就是還滿熟的朋友。就在我們停下車子，隨口閒聊的過程中，湯火聖突然問我：「銀環，我看你對地方公共事務都很熱心參與、對政治也很有自己的想法，更何況你經商多年，公司治理的井井有條，這個是一大利多。所以這次鄉長選舉我很看好、很期待你出來，要不要考慮出來競選，也是另外一種為社會奉獻的方式？」我向來知道湯火聖好學深思，是非常優秀的民意代表，如果他也覺得我很適合出來參與公職，那麼我這邊就值得好好考慮。幾件事情加在一起，最後我就決定出來認真投入這一次的花壇鄉鄉長競選。

不過，雖然我自己很樂意出來為鄉親服務，我最親愛的家人卻不太支持。太太妙芳非常了解我，她知道我每次參與公益活動，以我的個性，總是全神貫注、以公害私，有時候一忙起來，自己公司、自己家裡的事情我都放到後面。如果我真的從政，那還得了，恐怕跟大禹治水一樣，三過家門而不入。我的父親也不贊成，老一輩台灣人普遍對「政治」敬而遠之，都覺得老百姓是明哲保身，能不要碰就不要碰，專心做生意才是硬道理。

所以為了說服家人，那時候我還開了好幾次家庭會議。雖然妙芳跟父親最後同意我去登記鄉長選舉，但是妙芳是管錢的人，她還是不太願意家中有這筆額外開銷。當時選舉登記規定，候選人需要繳交保證金五萬塊錢，我還是特別打電話給叔叔趙燦錢，先向他借了一筆錢來支應。

因為決定的匆促，當我真的決定要選的時候，距離投票日只剩下短短的六十五天。同時也因為經費拮据，我沒有辦法像對手那樣，成立氣派的競選總部、雇用大量樁腳、滿天滿地的文宣和旗幟。事實上，在整個選舉中，我連競選旗幟也沒有去印。

到了登記日，其他選舉對手都找來汽車車隊，名貴的黑頭轎車在街上一字排開，去登記也順便造勢。我就把好朋友曾子龍找來，我問說：「你看別的候選人排場都那麼大，車隊一開出去就很受矚目。我沒有車隊，你覺得有什麼方法可以在我去登記當天製造話題、製造新聞？」曾子龍這個人，我曾經請他到公司裡幫我管理大陸那邊的業務，他有時候還真能想出一些有趣的鬼點子。他聽完我的煩惱就說：「我看你乾脆找一群人，全部都騎上腳踏車，這樣民眾看到就知道，趙銀環率領鐵馬車隊登記參選，一看就很親民，又讓人印象深刻，你覺得怎麼樣？」我聽到這個創意馬上贊成，過幾天就找來幾十輛腳踏車組了一個車隊，浩浩蕩蕩去登記。結果沒有想到，第四台把鐵馬車隊的新聞一播，馬上就造成轟動，電視報紙都報導了好幾天，

街頭宣講參選理念

而且也不需要太多花費。在登記參選不久以後，有一次我去花壇附近的虎山岩步道騎車，發現當地民眾居然都認得我：「那位就是騎鐵馬去競選鄉長的趙銀環！」

當時我把「再造花壇」當做我競選鄉長的主要口號。我的其中一條政見是，花壇國中附近靠山邊，我會把這一帶規劃成科技園區，然後再把鐵路西邊的地區保留下來，重點去推廣跟發展精緻農業，從外面找專家來輔導農民技術，栽種附加價值更高的農作物，主要就是去思考怎樣才能讓花壇的產業發展再次啟動。考慮到政府預算有限，縣政府可能也不會給太多資源，我更主張用 BOT（Build - Operate - Transfer）的方式來解決財源問題。從產業方向到財務管理，

65 天的選舉服務所 左一大兒子趙純賢

我提出的是比較全面性、比較宏觀性的方案。我也把幾個重要願景都寫在文宣上，到處發出去，爭取鄉親的認同。

那時因為我沒有多餘經費去聘請助理來處理各種雜務，所以我可以說是事必躬親。譬如說我到市場拜票，我就會自己去問問看負責人，能不能讓我找個地方發表政見。如果借到一張椅子，拿了麥克風我就爬到上面，大聲宣講我的政治理念，也算是臉皮很厚。很多民眾都會主動來跟我討論，我的政見要如何實現、那些地目應該要變更、那些建設要優先啟動。雖然選舉的壓力不小，但我也感到自己參加了很多有意義的公民對話。

除此之外，我覺得那時候我算吃了熊心豹子膽，我還與記者跑到現任鄉長的競選總部，送上戰帖，邀請他針對再造花壇公開辯論。我知道那時候鄉長太太人就在競選總部裡，但是他們卻不願意收下帖子，就是要迴避辯論。從開始選舉到結束，因為太忙，都沒時間回家吃飯。

也有遇到一些很不好的事情。譬如其中一個選舉對手，他有一次私下來拜訪我，跟我說大家要保持君子風度，和和氣氣來競選，我當然覺得很好。沒想到這個對手不懷好意，不久後就出現黑函攻擊我的人品，說我對父母不孝、丟下他們不管，其實左鄰右舍都知道，我是非常孝順的人。難怪大家都說，要知道一個人祖宗十八代，就讓他參加選舉，選舉時會被人家扒糞、甚至捕風捉影放大那些根本不存在的事情。

當時我的兩個對手，一個是國民黨，一個是老黨外，那位老黨外在選舉之前不久才加入民進黨。我一個人無黨無派，也是唯一沒有買票的候選人。在那個時候，選舉買票還是有效的方法，很多人都這樣做。當時有個立法委員告訴我，選舉非常花錢，每經過一天、撕下一張日曆，差不多就要燒掉十萬塊錢新台幣。當時買票還有「公定價」，一票五百塊。當時有個傳聞，有位政治人物，甚至願意出到一票兩千塊，手筆非常大。在我們彰化，大概要六萬五千票以上才可以當選，但是，買票不是銀貨兩訖，你如果買個五票，選舉當天可能只有一個人真的會投票給你，所以，等於要花三十萬票的開銷，才會有六萬的得票，這樣一算，大概一億五千萬跑不掉。此外還有辦公室、競選團隊的日常費用應該也要五千萬差不多。三不五時再請幾位走路工，那還要算額外開支。所以就算是選個花壇鄉鄉長，正常來說也所費不貲。之前有個人選鄉長，拿一千多萬元當競選資金，結果全部燒掉還是沒有選上鄉長。我這次選舉，全部經費大概八十五萬元新台幣，根本就是「不知道狀況、不知道行情」。但是我認為行的正、坐的正更重要，民主政治不能變成金權政治。

既然選舉這麼貴，政治人物也不是傻瓜，他們都是算盤敲的好好的。你看我那個立法委員朋友所講的，每天開銷十萬塊錢，三年任期有一千多天，這樣豈非一屆立委的「成本」就要超過一億了。這麼大的開銷要怎麼賺回來？所以很多民意代表自己開公司去向政府包工程，還算是二流的，更好賺的就是在都市計畫中變更地目謀利。事實上，這些政治人物，如果沒有其他名目，不可能做到收支平衡，政治人物要是說自己沒有私心，那通常是騙人的。那幾年我認為，最正派的只有新黨，因為規模太小，沒有資源，也就沒有利益分配的問題，所以大家相對上比較為了理念而戰。但如果政黨大到一個程度，會有利益分配問題，那大家就會爭權奪利。

鄉長選舉到了投票前一天晚上，本來我還滿樂觀，那時候我還跟妙芳討論，如果真的當選了，公司要交給誰去永續經營。說到選舉這類的事情，那就是俗語說的：「人人有機會，個個沒把握」，其實跟賭博也有點像。投票當晚，大家聚在一起看開票，可能我準備時間還是太短，經費也不充裕，最後我還是未能當選。我也看很開，能夠選上，是選民願意託付我，沒有選上，人生中還有很多重要的事情，公司營運、家人朋友，都要花時間經營，也許沒有投身政治反而樂的清閒。不過，這次選舉中，有那麼多朋友、支持者的心意讓我非常感動，我也把整個團隊找去餐廳好好吃一頓飯，慰勞大家的辛苦，謝謝他們陪伴我，打過一次艱困卻美好的選戰。這次參選雖然未能當選，但人生中能有這麼一次參選的經驗，對我來說是珍貴而又難忘的回憶。理想不會次次都實現，但若不親身去實踐，將永遠不會知道結果是如何，過程中所付出的努力也會在生命裡留下痕跡，更重要的是，能從實踐中獲取經驗。

CHAPTER 5
家庭關係

一些童年回憶

我出生於彰化縣秀水鄉金興村的趙厝，自小在農村家庭中成長。小時候家裡附近綠油油的，到處都是稻田，景色很美麗，氣氛很安詳。因為我們家住在農村，所以小孩要去學校讀書，每天都得跟兄弟姐妹靠雙腳走上一公里，才能抵達鄰村的陝西國小。記得那個時候，我和姐姐一天總共有兩毛錢的零用錢，足夠我們買幾顆糖果，一根香蕉，香蕉會折成兩段，我和姐姐各拿一段，在路上慢慢邊走邊舔，一直吃到學校門口。那個年代娛樂不多，有一種賣藥郎中，他們偶爾造訪趙厝，會用風趣幽默的語言來促銷各種驅蟲、外傷等等民生藥品，還有帶來一些雜技表演，而我們家中兄弟姐妹就圍在大人身後一同觀看，彼此打鬧說話，很快樂也很融洽。

我的父親趙梱燈，個性比較嚴肅、不苟言笑，他與兩個趙氏家族親戚一起在隔壁的花壇鄉，合夥經營了一間新集發飼料行。那時候我父親年齡是二十八歲，營業執照就登記在父親名下，主要供應鄰近地區的牛羊豬雞等家禽家畜飼料。白天的時候，爸爸通常忙於工作不在家，我和兄弟姐妹就有說有笑很開心。但是我們如果聽見父親騎著腳踏車的聲音，因為他的腳踏車比較舊，車子在經過家中附近斜坡必須要按住剎車的時候，會發出尖銳摩擦「磯磯磯」的響聲，這時候我們就知道：父親馬上要回到家啦！也因為父親這個人比較嚴厲，我們都有點怕他，所以我們會趕快抓起一本書，課本也好、週記也好，假裝正在用功讀書或者是做學校功課。

有時我太過調皮，或是考試考不好，我還會被父親拿起竹條「修理」，或者被罰跪在「土碳」上，膝蓋都磨破紅腫。不過父親個性雖然比較不苟言笑，但其實父親對家人非常好。他對我的祖父母非常孝順、與叔伯之間的相處也非常和睦。

在我成長的那個年代，台灣的經濟條件還不很發達，因此汽機車在民間也還未普及，那個時候多數人通常都是騎著腳踏車，當作主要的交通工具。全台灣各地對於腳踏車的稱呼都不同，北部人喜歡講「孔明車」；中部則是說「自轉車、腳踏車」；南部人則是說「鐵馬」。日常使用的腳踏車，主要分為兩種：包括公務員、教師、醫生等等比較坐在辦公室的上層職業，會喜歡騎車身寬度較窄、車把有上揚弧度的「文車」，這種腳踏車騎起來上半身會自然挺拔，比較有紳士風度。相對的，工人或農民或是做體力活的人，就會選擇更實用的車款，他們的腳踏車多半會裝上「加重胎」，用輔助桿強化車胎承重，後面還會加上鐵製支架可以載貨載人，這種就是所謂「武車」。父親經營飼料行，常常需要載貨送貨，買的也是這樣一台武車，腳踏車在那個普遍窮困的年代中，價格也不便宜，所以父親非常寶貝這輛腳踏車。

小時候的我體弱多病，時不時就傷風感冒、肚子痛跟發燒。我印象最深的就是，父親每次都牽來腳踏車，把虛弱的我抱上後座，就這樣父子兩人騎車前往市區看病。從趙厝到彰化，那是不算近的一段路。我坐在後面送貨架上，路面顛顛簸簸，屁股上也跟著陣陣疼痛，但是用雙手環抱父親、依靠他的厚實背部，其實覺得非常安心，好像是就算天塌下來，也有強大的父親擋在前面保護我、照顧我。所以每次去看醫生，雖然身體不舒服，但我都忘記了父親平日的嚴肅表情，我會閉上眼睛，享受一陣一陣鄉間微風吹到身上。記得每次抵達診所，都還要排好長好久的隊伍，然後父親從櫃檯拿回好大一包的草藥，回家之後母親就會煎又苦又濃的藥湯來給我喝。

對我來說，父親對我的人格、品德，可說是影響非常深遠。我的父親接受日本式教育，任何事都要求紀律和規矩，在工作上，更是一板一眼絕不馬虎。我從小看著父親對人對事的態度，他的一言一行對我潛移默化。所以成年以後，待人接物我都以父親為榜樣，養成了事必躬親、腳踏實地的人生態度。

而我的母親趙阿差，則是一位溫柔慈愛，充滿農村傳統美德的女性。雖然過去在農村社會，女性通常沒有受到完整教育的機會，但是母親天生就有一種堅毅的氣質，她從不叫苦，任勞任怨，將全部身心奉獻給兒女跟家族。若說母親對於我們這幾個子女有什麼期望，那就是希望孩子們長大後，能夠成為明白是非對錯、對社會國家有貢獻的人。

小時候母親非常忙碌。除了養兒育女、服侍公婆之外，還有各種永遠也做不完的農活跟雜事：下田勞動、餵雞養鴨、編織草捲草蓆、製作炊事用的草捆、餵豬、洗豬舍、扛着尿桶去澆菜施肥……等等。我永遠忘不掉，每年在接近冬天的時後，母親總是把我叫到身邊，然後就拿出去年穿過的毛線衣，一邊比對，一邊把那件舊的、小的毛線衣拆掉，重新打一件合身的新衣服。有時候我太過調皮，被父親處罰到田裡去挑土，但是母親如果看到，都會讓我坐在田埂旁邊休息，母親從小到大都是我最信賴的靠山。

還有一次，我生了不知道什麼重病，高燒不退，父親又不在家，母親非常著急，她就背着我從秀水老家，大老遠徒步走去花壇，讓爸爸可以騎車帶我去看醫生。那時候我整個身體趴在母親背上，明明母親個子非常瘦小，但她完全沒有喊一聲累，也沒有一秒鐘停下腳步，只想著趕快帶我去找父親。這件事情在我心中留下了深刻感念的印象。

除了嚴父慈母，家中共有四個兄弟姊妹。姊姊大我兩歲，妹妹小我四歲，小學時又出生了小十一歲的弟弟。我們感情很好，我也很疼愛弟妹，放學回家時，都不會忘記買一點油條或花生等等零嘴，帶回家去跟其他兄弟姊妹分享美食。

我唸的是陝西國小，當時國民黨政府來台還不算很久，所以有很多外省人在學校裡面教書當老師，可以聽到的外省口音可說南腔北調。平常在家裡面，我們都習慣用台語溝通，偶爾長輩會混著一點日語，因此對鄉下小孩來說，標準的國語已經有點聽不明白了，所以我們在學校上課的時候，聽到那些外省老師口中說的「外省」國語，其實很不清楚，學生因此常常會有聽沒有懂。父親很關心我的課業，希望我認真讀書，所以他三不五時就會帶著禮物送老師，因為他希望老師們願意更用心來指導我的課業。我們家族中幾個堂弟堂妹很會讀書，父親都會拿我的考試成績去跟她們比較，但是我比較活潑好動，一直都沒有很愛讀書。

我們家有位鄰居趙宗冠老師，他曾經得到全國美展第一名，後來又到日本東京大學攻讀醫學博士。那個時候他還在花壇初中當訓導主任，住處就在我家隔壁。所以父親還特別去拜託趙宗冠，讓我每天晚上七點到九點，去他家裡面自習，如果作業不會寫、課本看不懂，可以隨時跟趙老師請教。我記得那個時候，我常常整個晚上都盯著時鐘，看著指針滴滴答答的一秒一秒跳動，心裡希望「自習」時間趕快結束，根本沒有專心讀書，所以成績也沒有起色。

後來我小學畢業，考上花壇初中，學校裡外省老師終於比較少了，師生之間國語跟台語都會混著講，反而沒有像小學時那麼嚴格。我也交到了幾位要好的同學，幾個人平日下課都玩在一起。不過對於唸書考試，我還是興趣缺缺，成績一直不算好。有一次考試，可能那陣子玩得特別兇，我竟然拿到「白榜」，也就是每一個科目都考不及格。記得當時在學校收到成績單時，我本來很擔心，很怕被父親處罰。後來回到家裡，也沒有勇氣把成績單拿出來給父親簽名，所以我就「靈機一動」，乾脆自己偷拿了父親的印章，蓋了章交回學校。不過這種小把戲當然瞞不過父親，後來他覺得太久沒有看到學校成績單，懷疑我是不是動了手腳，就把我叫過去仔細盤問，我也因此被父親狠狠修理了一頓，但是我也因此學到了寶貴的一課。

在我自己身上，就可以看見童年對我的正面影響，在我長大以後，每一次回想自己的童年、以及父母的身教言教，都覺得非常的感恩與懷念。

懷念是因為，兒時歲月總是無憂無慮，而且還有父母親無條件的愛，讓我感覺快樂而且安全，只要回想到過去的歲月，我都理解到，與家人度過的美好時光那是任何東西都比不上的。而感恩則是因為，今日我身上多數正面的人格特質，都來自於雙親的教誨。從父親身上，我學會了誠實、正直，也可以說我勇於任事、實事求是的人生態度，就是在父親身上耳濡目染所獲得的；而在母親身上，我則是看到了母愛的偉大，以及家庭責任的重要。所以無論我工作再忙、事業再辛苦，我都會挪出時間與妻子、兒女相處。

這裡我也想要藉此勉勵年輕人，在這個世界上，沒有任何事物比起親情更加重要，很多人顧著打拼事業，長年出差或工作在外，因此錯過了兒子女兒長大的關鍵時刻。然而不管人賺再多錢、獲得再多成功，我們都不可能讓時光倒流，一但子女長大，那時就算你還想要每天在他們身邊、跟他們說話，他們也可能會嫌你煩，渴望有自己的空間。所以無論如何，與家人相處的每一秒鐘，都要好好珍惜，良好的家庭關係不只會養成健全的性情與品德，更重要的是，家庭是我們心中的歸宿，儘管世事變化，但親人之間血濃於水的羈絆，能夠在我們遭遇困境時，帶給我們最多的安慰與支持。家，就是我們的避風港，需要全心全力的投入跟照顧。

1964 年老闆派我到枋寮開店

大姐與煤球工廠結婚的新娘車

初中時代住在爸爸的煤球工廠（大姐趙銘琴）

我和妙芳的故事：從私心慕戀到廝守打拼

我跟我太太劉妙芳，本來是初中同學。小時候在學校唸書，互動不算太多。雖然當時我對於這個美麗聰明的小女孩，心中一直有強烈好感，不過，因為妙芳的父母親是公教人員，都是學校老師，而我們家是做生意的，背景差異算是很大，讓我不太敢有追求她、親近她的念頭。還記得我在初中快要畢業的時候，想到以後我們可能會各奔東西，未必有見面的機會，我就花了好幾個晚上，想寫一封信給妙芳。結果，我口袋裡裝著這封信去跟妙芳打招呼，結結巴巴地隨便聊一些天氣之類的，卻始終沒有勇氣把信拿出來交給她。

不過命運讓我們有第二次重逢的機會。初中畢業後，我先是去屏東的順發汽車材料行工作，有一次，因為老闆的弟弟在台東開分店，他的太太又接近預產期，分店需要增加人手，我就被老闆暫時調到台東，去幫他弟弟的忙。

有一天，雄興貨運行打電話到店裡面來：「順發汽車嗎？下午我們請會計小姐來貴公司收

苗條的太太妙芳

款好嗎？」沒想到，下午來的這位「會計小姐」，走進門後，首先不是談收帳，反而開口對我說：「你怎麼也在這裡！沒想到我們居然在台東碰面！」原來我的初中同學劉妙芳，剛好也到台東來工作，真的是天大的湊巧。我們靠在櫃台上，一邊交換近況，一邊天南地北閒聊，隔了好幾年，我們都長大了，彼此也多了不少歷練，我也不像在學校唸書時那麼害羞，但是妙芳現在出落的楚楚動人，很美麗的一個年輕女生，還是讓我心中小鹿亂撞，雖然我可以跟她好好閒聊，但是不知道怎麼，還是有點不好意思直視妙芳水汪汪的眼睛。

接下來有兩三個月，我平常出門送貨的時候，我都會騎著腳踏車繞路到雄興貨運行門口，希望能夠巧遇伊人。但是，似乎老天爺暫時借給我的幸運已經用完，雖然我三不五時就找個藉口，跑到雄興附近「辦事」，但卻一直都沒有再次碰到妙芳。一直到老闆弟弟的太太生產完，我即將從台東調回去屏東，我和妙芳都沒有機會再見上一面。記得回屏東的前一天，我感覺非常依依不捨，非常懷念我們重逢的那天下午，妙芳又驚又喜的表情：「銀環，你為什麼也在台東？」。

時間飛逝，很快又過去好幾年，我也當完兵，回到家鄉花壇。那時我在父親經營的工廠當送貨員，有一次，我把貨物送去平常有生意來往的錦成皮革廠，我的堂妹趙取湊巧也在錦成那邊上班。交接完貨品之後，我順便去找堂妹，要跟她打聲招呼，沒想到在堂妹辦公的桌子旁邊，一個熟悉的身影映入我的眼簾，竟然又遇到了妙芳，原來她現在也在錦成皮革廠當會計！

可能是送貨那天，我因為跟妙芳重逢，那種喜形於色、拼命跟妙芳說話搭訕的樣子，被堂妹看了出來。沒過多久，堂妹就跑來問我：「阿環，最近你有沒有心儀的對象啊？我們工廠有一個很不錯的女孩子喔，想介紹給你。就是上次你也見過的那個劉妙芳啦，你們不是初中同學嗎？我覺得這個女孩人漂亮、個性又好，你要好好對待人家喔。」

堂妹好心幫我作媒，對象妙芳又是我朝思暮想的女孩，這個機會當然巴不得說好。那一陣子，妙芳也把我的堂妹，介紹給她的堂兄。

恢復聯絡以後，當時我和妙芳，都還住在花壇街上。我父親的店址在花壇街兩百三十一號，當時妙芳就住在她堂兄的店裡，是兩百八十七號。兩家之間其實沒隔幾步路。平日妙芳在下班以後，都會牽一條狗到外面去散步。這時我會算準她散步的時間，等她帶著小狗經過，我就跟在後面，兩人再一起散步，邊走邊聊。我記得，每次散步結束，我們快要回到花壇街的時候，因為妙芳臉皮薄，怕別人看見，她就會先趕我走：「你該回去了，你先走。」我才依依不捨的站在原地目送她身影遠去。

那段時間我們倆越來越熟，後來我教妙芳騎摩托車，也教她開車。妙芳是比較不會緊張的個性，所以開起車來很有自信也很上手。她去考駕照的時候，還跟監考官開玩笑說：「我平常

太太妙芳烏山頭昔日倩影

與舊金山金門大橋的主鋼纜合照 2.45 萬噸的鋼纜相連每條主纜由 27572 條鉛筆粗細的鋼筋組成，所有鋼筋長度加起來接近 13 萬千米，可繞赤道 3 圈。

談情說愛於雲林科技大學

全家福拍攝於辦公室門口

開車都很鎮定，今天監考官一坐到副駕駛座，我才第一次知道緊張是什麼感覺。」妙芳這個人頭腦很聰明，考第二次駕照就考過了，我妹妹也有去學開車，那時候卻足足考了四五次才拿到駕照。當時在花壇鄉，有考到駕照的人，按照政府的規定都需要特別再去上講習課程，妙芳因此發現，整個花壇鄉只有三個女生有駕照，而其中我們趙家就佔了兩個。

在交往的那段時間，因為妙芳長的漂亮、人又有氣質，所以我的父親特別喜歡她，心裡已經認定她是未來媳婦。假日的時候，我找妙芳來家裡，跟家人一起出去玩，她的舉止也都很大方。在結婚前，我剛剛開始籌備自己的公司，妙芳都會抽空來幫忙，模具拋光、帳目整理、場地打掃，什麼都會做，讓我特別感動，心中也不禁深深期待起未來與她的共同婚姻生活。

民國六十三年五月二日，我們在兩家人的祝福下，舉行了婚禮。那是我生命中最幸福、最感動的一天。當天我在心中暗暗發誓：「這麼好的女生，從今以後願意當我的『牽手』了，無論如何，我都要盡最大努力、出人頭地，讓她這輩子都幸福快樂、不愁吃穿。」

不過，年輕夫婦要追求幸福，也不是那麼容易的事情。新婚時，我的事業也剛剛起步，因此也是工作上最辛苦的時候。那時候我主要在經銷跟製造PVC材質的擋泥板、汽車腳踏墊等等，除了工廠公司要打理，常常還得全台灣到處跑去談業務收貨款。因為妙芳在婚後不久就考上駕照，她會跟我一起出差，整個台灣我們都跑透了。雖然婚後沒有時間去正式度蜜月，這件事情有點委屈妙芳，但這些夫妻共同出差的日子，也讓人覺得很甜蜜，好像是一邊工作，一邊就是只屬於我倆的蜜月時光。

記得有一次，我們倆開車出差到宜蘭，需要經過北宜公路上有名的「九彎十八拐」路段，按照民間風俗習慣，這段路車禍多、陰氣重，行車前要先灑銀紙，跟「好兄弟」借路。這時候我看到路旁有人正在灑銀紙，口中唸唸有詞在祈禱，本來想要請妙芳停車，換我來開，但是妙芳比較「憨膽」，也不太信邪，我又想到假如車子在這個路段停下，如果就此車子拋錨發不動，那就糟糕了，所以接下來一直讓妙芳開到羅東，我們最後還是順利抵達，沒有遇到靈異體驗。妙芳做事情膽大心細，精打細算，當年倆人一起出差，路上旅社可能一個晚上要一百塊、一百二十塊的花費，妙芳總是一一詢價，如果多十塊錢，她都不太願意住，寧可再問下一家。每次想起她認真跟人講價、在工廠打理雜物到深夜、還有跟我一起開著小汽車全台灣走透透的許多回憶，如果說到「賢內助」這三個字，我的太太劉妙芳女士，絕對是當之無愧了！

子承父業，從「鬧的慌」到「謝謝你」

說起來，我決定正式從工作崗位上退休，也算是一次突發意外。在2011年間，有一次，我從台灣到大陸寧波餘姚的工廠去視察，本來覺得廠內事務井井有條、一切都在軌道上，突然，陪同我的二兒子趙純立，還有跟我打拼多年的顏淑卿副理，兩人就把我拉進會議室深談。他們說：「董事長你也辛苦了一輩子，是不是可以考慮退休，以後不用再煩心公司裡的大小雜事了？以後就開

大兒子純賢大發紅包

心去遊山玩水，每天享清福！」

當時我第一個冒出的念頭，卻是聯想到當年美國的王安電腦，因為父子交班的時候沒有弄好，結果搞得亂七八糟，毀掉曾經輝煌的企業帝國。我就把這個故事一一說給他們兩位聽，但是他們似乎沒有改變想法。於是，我最後再加上一句：「公司遲早都要交給年輕人經營，但是我有一個唯一的要求。接下來不管你們接班怎麼做、有什麼新方針新計畫，但最重要的就是必須把公司的平台保住。假如有一天真的遇到難關，只要還擁有平台，就永遠有翻身的機會。」於是，退休這件事情，就這樣拍板定案了。

大兒子純賢 公司聖誕節交換禮物

儘管如此，那時候我並未真正放心。我腦袋裡面有兩個想法，沒有直接說出來：第一，趁著我身體健朗、還有精力，現在交棒給他，讓年輕人趕快去社會上歷練，那他還是隨時可以回頭找我討論。如果做的不理想，我依舊有能力再次介入，甚至我也可以趕快回到位子上幫忙。反正遲早都要讓他到社會上去碰碰撞撞，那我還不如趕快交棒，在家中期待他能有怎樣的表現。

第二個想法則是，假如他真的能力好、想法更新，那就不必勞駕我，我就能夠過著退休清閒的生活。要是以後做出相當成績來，那我也可以早點分享他事業成就的喜悅。

後來，有一次我到台中某間企業去分享經營理念，我還記得當天的演講題目是「路是人走出來的」。在那一次的分享會現場，我三個兒女都有在場參加。到了後面的 Q&A 時間，現場聽眾就有人問我的兒子：「既然現在你接班了，為什麼不去多多請教你父親？老一輩的經驗非常貴重！」兒子就回答說：「如果我問了父親，最後又沒有按照他的意思去做，那麼他會不開心。」這時一位在中科廣場的蘇會長聽見兒子的回答，他就趕忙打岔告訴我說：「這是因為你兒子跟了你十幾年，你會的東西，他也都會了，所以他才沒有去請教你。」

退休以後，一開始有些不習慣，畢竟四十年來，我都在公司的戰鬥崗位上，早就習慣了每天忙碌。很多時候我在台灣大陸兩頭奔波，常常從桃園國際機場回來，到家的時間可能都接近半夜兩三點，但是隔天一大早，我還是八點準時進到工廠，沒有一點偷懶。然而現在交接給下一代以後，有時看到問題，但想到自己已經不是當家的人，我就摸摸鼻子，把滿腹意見再吞回去，我的想法很簡單：用人不疑，現在是誰做主，就要信任、支持做主的人。

兒子接班以後，工廠裡面增加很多監視器，很多作業都電腦化。可能我是老一輩的人，四十年來我已經習慣了所謂「走動式管理」。所謂「走動式管理」是說，企業家要人到現場去觀察跟發掘問題，有什麼環節、有什麼瓶頸，光是用自己的兩隻眼睛就一目瞭然。所以退休以後，有時候看到卻不能發表意見，其實一開始很不習慣。工廠有一位多年來的老朋友楊顧問，看到我還是常常一副放不下心的樣子，他就拍拍我肩膀：「董事長啊，既然現在退休了，那就要多找時間跟機會，到外面去走一走。往世界各國旅遊，拜訪風景名勝，這樣人生才不會失去重心。」老友的好意我當然銘感五內，但是真的要習慣退休以後沒有事情做的日子，也要再過個一兩年之後了吧。

家裡的老二趙純立，個性獨立有主見，他也不太習慣拿業務方面遇到的各種問題來問我，反而喜歡自己做決定、獨立面對疑難。有時候身為父親、也身為前任經營者，我難免要感覺到有點失落，沒有價值感。我覺得自己「練功」累積了超過四十年功力，外面都說，「家中有一老，如有一寶」，在商業界我有這麼多心得都沒有地方可以貢獻出去，心中難免有些感慨。

還有一次，退休後我去拜訪 BOBSON 伯布森牛仔褲的曾老闆，他也是我國小時代的老同學了。那一天，我是跟外面廠商一起去找曾老闆，我看到他的辦公桌上有許多待簽待辦的文件，簡直快把曾老闆整個人都掩埋起來了。我們閒聊了一會，他忍不住抱怨連連：「現在工廠法規太複雜沒有彈性，實在不好做啊！政府每個項目都說要派人稽查！法律規定每間工廠裡面都要設立有員工哺乳室，可是在我們公司，其實有很多老員工都五六十歲了，這個東西根本用不上啊！」我也是多年來做生意的人，當然比誰都知道這些法規很麻煩，又要照顧員工權益、又要符合國家規定，還要兼顧生產成本不能導致虧損，這中間的權衡要處理起來，有時候非常瑣碎，真的讓人會一夜白髮。雖然當下我趕快安慰我的老朋友，也能夠同為企業經營者去感同身受他的複雜心情，但是，看到曾老闆事務繁重、焦頭爛額的樣子，我突然醒悟過來：現在我每天過著含飴弄孫、遊山玩水的逍遙生活，難道不用感

二兒子聖誕交換禮物 張曉霞抽到平板

謝兒子已經承擔了老爸肩膀上的責任嗎？

告別曾老闆以後，我在火車上就馬上打電話給兒子，告訴他說：「爸爸要謝謝你幫我承擔，現在我無牽無掛，每天過著隨心所欲的日子，那要感謝你們。」因為我的個性比較衝動，有感動的時候，我都會覺得要趕快說出來，因為如果等到回家見了面再跟兒子說，那時感受又不一樣。真誠表達，把握時機，不要把感謝留在心裡，這也是我的人生哲學。

台北展覽第一名媳婦與兒子的參與

CHAPTER 6
退休旅歷

孤身征服三山五嶽

在我正式宣布退休不久之後，第一次真正放下各種讓人操心的公司業務，去到外國旅遊，我首先是選擇了香港這個地方。香港過去被叫做「東方之珠」，整個都市非常繁華熱鬧，每到夜晚華燈初上、高樓林立，車潮人潮川流不息，什麼美食精品樣樣不缺，讓人深深感覺到，這裡真的是一個超級國際都會。但是就在如此繁華的香港街頭，我看著街道旁邊七彩霓虹和衣著光鮮的旅客、上班族，我突然想到，過去我是在鄉下長大的孩子，本性就是喜歡自然景色的，這邊的都市風景雖然讓人驚嘆，但其實不是我衷心所愛。一年前，我曾經有機會去過五嶽裡面的衡山旅遊，當時我非常驚嘆於大自然跟造物主的神奇偉大。既然現在人也已經從公司退休了，是不是乾脆趁著這個人生的全新階段，一口氣來把中國五嶽裡面剩下四座大山，也完整參訪一遍？

既然心中動了這個念頭，按照我平常那種急驚風的個性，當然要馬上將之付諸實現，一秒鐘都不拖延。我馬上就打電話給餘姚工廠的祕書，麻煩他們幫我研究一下「五嶽之旅」的交通規劃、火車時刻表、住宿資訊，也順便計算一下跑完剩下四嶽總共會經過多少公里。我還有個雄心壯志，既然現代社會交通這麼發達，那我打算在短短一週之內，就要用我這雙腿，去征服五座山：嵩山、華山、泰山、恆山，還有五台山。以前工業革命時代，人家說「環遊世界八十天」，那現在我已經有高鐵跟飛機可以坐，征服五嶽說不定根本不需要一個禮拜。

等到祕書把相關資料、交通行程都傳到我的手機，我就隻身準備上路，要開始我這趟「五嶽長征」。不過出發前，

嘆為觀止的大山大石　點綴生命的植物

我還特別打個電話，仔細交代工廠祕書：「不要告訴我的家人啊，就說趙總這幾天還有其他考察行程。」因為我知道，親愛的妙芳一定會擔心我，她一定會反對我自己一個人從天南跑到地北這麼遠的距離，更何況這不是單純移動，而是要爬山登高。

所以為了避免家人擔心，我決定在旅程結束回來之前，先對我的家人保密。到時候再向他們炫耀我的「戰利品」，也是要讓太太妙芳知道，我趙銀環還是跟當年生龍活虎、天南地北走闖的小夥子沒有兩樣。

我的第一站首先選定了河南嵩山，其最高峰高達 1500 公尺，有30億年的歷史。嵩山又分為少室山和太室山兩部分，共七十二峰，最高峰的連天峰高達一千五百公尺。華北地區幾乎所有的岩石和地層類型都集中於此。

我是搭乘早上的航班，飛機抵達河南之後已經過中午了，我就先入住飯店，順便在當地了解打聽一下攀爬嵩山的相關訊息。隔天一早，我就搭計程車前往嵩山園區，並且買票進入山路。這次旅途，我一開始就打定主意，要完全只靠自己的兩條腿，一步接一步走上山頂，所以雖然沿途有上山下山的電纜車可以搭乘，但是我寧可慢慢領略山路小徑上渾然天成的美景。

嵩山的路線都是懸在半空中的山間棧道，旁邊是大塊的斷層岩石、挺拔的參天樹木，在特別陡峭的地方，還在山壁釘上了鐵鍊，讓我們這些登山客可以用手拉著鐵鍊慢慢上行。這裡的地勢非常險峻，走到半山腰，山腳下的行人遊客就淹沒在雲海當中。一路上我有種強烈的感覺，彷彿自己是古代神仙，騰雲駕霧來到嵩山寶地。我是平常日入山的，這個時間遊客也不多，常常整條路上放眼望去，除了我自己看不到別人，讓我感覺到一種超越世俗的心情，整個世界瞬間變得極度安靜下來，只有聽到我自己氣喘吁吁的呼吸聲、腳步聲，而平日裡生活中的喧囂煩惱，更是都完全消失在這片茫茫雲海中，非常享受愜意。

這裡就要稍微說到我引以為傲的「爬山哲學」，這麼多年以來，我覺得我每次登高旅遊，說起來都不是在「爬」山，而是應該說在「遊」山。我會很輕鬆自在的漫步往上，一但覺得自己有點累了，我就找個風景漂亮之處席地而坐，拍拍道旁松樹，喝幾口路邊賣的涼水，或者拉著剛剛認識的山友與他說話談心。我通常還會隨身帶著公司的旗子，抵達山頂就拍照留念，當然這些攻頂照片就是我征服高山的「戰利品」。上坡的路程當然比較累，常常在往上爬時，我全身痠軟無力，心中有個聲音跟自己說：「已經全身沒力氣了！以後不要再折磨自己，老是挑高山來爬了！」但是等到下山時全身清涼痛快，腳步輕鬆，又覺得登高健行是人生的無比享受。

在冷清的山路上，我遇到了一個三十多歲的年輕人，滿臉鬍子，自稱是一個修道的人，看起來也頗有點仙風道骨的樣子。他告訴我說，他就定居在嵩山這裡，晚上睡覺在一個附近的山洞裡面，如此的生活方式已經超過三四年了。我很好奇地問他說：「住在山上？那你平日都吃

路讓樹的嵩山

第一站中岳嵩山

什麼？」這位年輕人則回答我說：「我都摘點野菜，通常也自己煮飯，偶爾嘴饞才會下山到商店街去吃點東西。」我們聊了一會，他還很熱情地要帶我去他居住的山洞參觀看看，雖然我相信他並無惡意，但畢竟整條路上只有我和他兩個人，為了謹慎起見，我拒絕他的好意，繼續往山頂前進。

當我花了好幾小時，終於爬到嵩山頂峰的時候，景色果然非常壯觀。四顧所見都是青翠的山谷，剛剛走過的棧道也變成小小一條蜿蜒的線，身邊完全圍繞在雲霧當中。我還看到剛剛走過的登山小路，管理者並沒有把路中間的樹木砍掉，而是讓它們參差長在路邊路中間，充滿了文明與自然合為一體的感覺。

在山頂休息了一下，我問旁人，是否有捷徑下山？一個年輕人熱心地告訴我，要怎樣怎樣走最近，只需要幾十分鐘，就能夠到達山腳入口處。我對他道謝，並按照他的指示，往僻靜的一條路走過去。這條路一開始還有人走過的痕跡，但是走到後來，卻是亂石雜草，已經不太能夠繼續走下去，路上也沒有任何遊客。而且這條路似乎也沒有整修，到處都是石頭，非常不方便移動。

發現這條路的狀況似乎不太對，這個時候我才開始有點緊張，剛剛貪圖方便，想要走自己不認識的小路，但欲速則不達，現在我是不是迷路了？我趕快拿起手機，才發現因為自己這一次沒有帶中國專用的手機卡，等於沒有辦法跟別人用電話聯絡。幸好，再走了一會，終於遇到其他登山者，問清楚狀況以後，我才終於走回正確的路上。

等到下山抵達飯店的時候，大概是下午六點、七點，我本來有種豪情壯志，打算這一次要用最快的速度來連續登頂四嶽，所以我原本打算直接退房，就這樣去趕搭通往陝西的高鐵火車。但是，突然有種異味鑽進我的鼻子，我趕忙聞一聞自己身上，看來一整天的爬山行程讓我已經全身濕透，滿身都是臭汗味。如果現在這樣登上火車，想必旁邊的乘客一定也很困擾。所以我最後決定，在河南這邊的旅館再待一個晚上，就回到房間好好洗了個澡，睡一場好覺。隔天一大早，我就搭上早班火車，離開了河南。

嵩山頂峰峻極峰海拔 1491 公尺

險峻陡峭的華山

接著坐火車來到了陝西，這時天色還早，我入住飯店後，想要一股作氣，直接前往華山，從正中午開始登山。華山最高峰為南峰落雁峰，為太華極頂，海拔兩千一百五十四公尺，其演化歷史約為二十七億年。

飯店的人聽說我要去爬華山，趕快攔住我，告訴我說：「在我們這邊，爬華山這不用麼早，你聽我的準沒錯，大概下午五點去爬差不多。」下午五點？這樣子不是摸黑爬山嗎？

雖然我感到很疑惑，但是十幾年來在大陸作生意，我知道各個地方風土民情差異很大，總之相信當地人總是沒錯。所以最後就聽從飯店櫃台，在旅館裡慢慢休息到下午才出發。在華山入口處，我買了一張一百五十塊錢人民幣，大概折合要新台幣六百塊的門票。因為我年紀大了，門票費用還可以再打六折。

拿著門票抬頭看見高聳山峰，心裡很興奮，進場時我問剪票員說：「平均每天有多少人，來參觀華山呢？」剪票員回答：「我們這裡一共有兩個入口，光是昨天，這一側的入口就有接近五千人次買票進場；另一邊那個入口，進場人數更多，每天都一定超過五千人，遊客非常的多。」我不禁對此感到驚嘆，但這時天色也漸漸黑了。

走在華山的山路上，我這才發現，華山的山道都是平整寬敞的柏油路，這裡沿途也都是直立的強力電燈，雖然是到了晚上，但根本比大白天更加明亮。我沿著山道往上，左手邊有一條清澈小溪，河床裡面都是被水流沖成橢圓的卵石，水量雖不湍急，但是可以清清楚楚看見底下的河床，有一種水墨畫一般的意境。在燈光照耀下，身旁的大山、大石、大樹，更讓我突然間心胸為之開闊。

華山的松樹這邊特別要一提，這些古木可能已經生長了一兩千年，非常魁梧挺拔，很多株都有著參天之姿。而樹旁山石嶙峋，沒有被人工破壞，每顆石頭都有好幾個人高。因為眼前這麼美麗的景色，我不禁心中油然生出疑問，壯闊的大自然到底是怎麼出現的？左思右想，突然心中浮出一股溫暖，我有一種非常確信的感覺，知道就在我讚嘆山色鬼斧神工的同時，親愛的上帝想必也聽見了我的大哉問——大能者創造了這個美麗的世界，為的就是庇護我們人類、供給我們人類。我不禁在心中深深感謝上帝，我低頭閉目默默禱告了一下，感覺心中充滿了能量、有點疲倦的身體也瞬間恢復成最佳狀態，才又繼續這段上山的旅程。

走著走著，不知不覺已經在山道上爬了七個小時。突然我的眼前出現了一個在台灣沒有的景象，讓我忍不住駐足，原來在華山，會有賺取工資的挑夫，他們就拿著一支棍子，肩上挑著礦泉水十箱、二十箱，沿著山路將礦泉水挑上山，給山上的店家。我注意到，這些挑夫要稍事休息的時候，都不會把整副擔子放下來，他們會拿出一根竹棍，把這副擔子用竹棍頂起，讓疲勞的肩膀休息一下，等體力回復了再繼續上山。這也是台灣看不到的人文風景。

我在下午五點的時候進山，一直走到凌晨兩點，我才終於走到華山頂峰。華山之巔和想像中不一樣，相當開闊，

挑夫用拐杖撐住扁擔來稍作休息 因為貨物放下後更費力舉起

在頂峰處我四處逛逛走走，走進一家茶鋪，一看價目表，一杯飲料竟然要五十塊錢人民幣，大約新台幣兩百多塊錢。在山頂四處都有板凳，這裡因為地勢高，現在又是深夜，氣溫其實很低，寒風颼颼地從身旁吹過。我就在茶鋪裡泡一壺熱茶，找了一個座位，把穿了一整天的長筒登山軍靴脫了下來，伸展一下四肢，再喝一口熱茶，感覺非常舒服。接下來我就在板凳上老實不客氣躺下來，稍微睡了一下。

醒來的時候，天色仍然全黑，這時我才發現整個店裡，每張桌椅上都躺滿了登山客，我剛剛也跟著他們睡了三、四小時。此時我精神也有比較恢復，我

陡峭的岩石階梯

趕快穿上鞋子，整理行李，那是一個簡單包包，包包裡面有水果、衣服、礦泉水，還有花生米跟小罐烈酒。

其實這個習慣已經多年，我平常出門在外，不管是出門旅行或拜訪客戶，我都會帶一瓶裝滿花生米的寶特瓶，再加上一罐要價兩塊半人民幣的二鍋頭。因為年輕時在外頭四處跑業務，有很多時候我的吃飯時間不固定，要去趕著拜訪客戶。所以在不方便吃東西的時候，我就帶一些點心類的東西補充熱量。如果要好好吃一頓，那是等到一整天忙碌完後，再找個路邊攤，點幾罐啤酒、幾盤小菜，那是我辛勞一整天以後最愜意的小酌時光。

此刻是破曉前的華山頂峰。我這時剛剛醒來，天色還只有微光，太陽還沒有出來，我就從包包裡拿出烈酒，再吃點花生米，稍微補充體力。這時也差不多是日出時分，景色非常壯麗，山崖下方的風景，可說騰雲駕霧，整個山峰美麗的根本不像人間。我再從背包裡拿出公司的旗子，拜託路人幫我拍幾張照片。這時遠處的天空還有幾隻鷺鷥飛過，我感覺華山之旅果然不虛此行，何其有幸能夠讓我目睹這樣的美景！

在日出的山頂，我這裡看看、那裡逛逛，準備要下山的時候，大概已經早上七點。但俗話說「樂極生悲」，我突然發現，剛剛逛的太開心，竟然把隨身背包不知道忘在那裡！裡面除了簡單行李，還有錢跟護照，弄丟了可不行！

驚慌之下，我第一時間馬上想到，趕快去遊客中心，請他們幫我廣播失物招領。我看見路邊有位掃地工人，就趕快過去請問他：「請問旅遊中心在那個方向？我剛剛把隨身物品丟失了，想要請遊客中心幫忙跟其他遊客廣播一下。」沒有想到，這位工人卻跟我說：「現在太早了，遊客中心還沒有開門。要等到八點，遊客中心才會上班，那時才有廣播。」這個時候距離八點還有快一個小時，我擔心東西被偷走，沒辦法再等這麼久。

情急之下，我就跑到道路旁邊較高之處，大聲喊叫：「請問，有沒有人看到我的包包？」很多遊客都轉過頭來看我，但卻無人回應。就在我越來越緊張的時候，剛好我眼睛一瞄，看到有個陌生人，手上拿著我的包包。包包上有一個我慣常使用的，將近十公分大小，橘黃色的手扣，因此我絕對不會認錯。我趕忙往這個人的方向跑過去，告訴他：「先生，這個包包是我的行李。」陌生人囁嚅地回答說：「剛剛好在路邊撿到，我正要去找遊客中心，還給失主。」我看他臉色詭異，心中不太相信，但是畢竟人孤身在外面，先解決問題優先，其他的事情都不重要，所以我就匆匆說聲謝謝，拿回包包就走。等到在旁邊無人處我趕快打開包包，發現所有東西都原封未動，終於鬆了一口氣，也暗暗怪自己有時候實在太過粗心大意，應該要更有警覺性才對。

昨晚上山時，都是沿著柏油大路直走，可以說走得很舒服，但等到現在要下山，我才驚訝發現，華山的山勢極為陡峭，很多地方需要拉住鐵鍊，慢慢垂降下去。上去時我沒有特別感覺，等到現在下山，才注意到真的舉步維艱，甚至有些地方坡度大概有四十五度那麼陡。難怪人人都說，五嶽之中就屬華山最壯麗，果然名不虛傳。我一邊下山，這時又發現，幾乎整座山都是巨型石頭組成，幾百公尺大小的巨石，遊客在其下渺小無比，是我從來沒有看過的風景，自然的偉大、美麗，走一趟華山就感受無遺，心中非常感動。

等到我離開華山的時候，也大概是差不多下午時分了。我站在馬路旁邊想了一想，決定這天就不要在陝西過夜，

華山頂峰標高 2155 公尺

接著就直接回到旅館，辦理退房並且帶走行李，坐計程車到火車站裡面買了一張直接前往山東的夜車車票。我在中國做生意多年，有時候需要來回相隔甚遠的不同省份，我常常就乾脆不住飯店，買一張有臥鋪（也就是大陸人口中所謂的軟臥）的火車票，車程常常要十多小時，剛好可以省下一次旅館錢。這也是年輕留下來的習慣，每次出差，不管睡覺、吃飯，我都不講究品質，能夠應付過去即可，最重要的是把精神專注在工作和當前目標上，其他那些物質享樂我並不看重。

巨樹參天的泰山

當我從華山下山，坐了整夜火車，從陝西抵達山東以後，走出車站，附近就是孔子的故鄉曲阜。我久聞此處是有名的文化古都，本來動了念頭，想說在此參觀旅遊，但突然想起這次的目標：我不是打算在短短一週之內，就要把「五嶽」都遊覽一遍嗎？想到這裡，就決定集中精神，先把剩下兩座大山好好爬一爬再說。那孔子故鄉就留待下次了。

泰山是五嶽中海拔高度最低的，主峰位於泰安市境內的玉皇頂，海拔一千五百四十五公尺。相比其他四嶽，泰山的年齡較輕，在過去頻繁的地殼運動中，泰山山體快速抬升，於是在距今約三千萬年前的新生代中期，今天泰山輪廓基本成型。

雖然泰山是五嶽中海拔高度最低的，但因為整個山東省地勢平坦，所以泰山的相對高度仍然很高。當天我坐車在公路上，看到窗外的泰山氣勢萬千，就有一種巍峨高聳壓迫感撲面而來。果然泰山不愧是「天下第一名山」、「五嶽之首」的美名，好壯觀的一坐大山！

大概在早上十點左右，我抵達了山下入口。經過多年建設，泰山登山走道可說是氣派寬敞。路旁巨樹參天、一派青翠，非常優雅美麗。我走在山道上，隨意聽著旁邊遊客聊天、與不認識的山友隨意搭話，不知不覺間，就已經走到半山腰。在路程中，我聽到一件事，很有感觸：幾個大陸人閒聊談到，現在的大陸年輕人在退伍以後，馬上就投入職場。他們感嘆現在工作難找，所以年輕人更加有企圖心。我不禁想起故鄉台灣的年輕人，在退伍之後，還常常要休息幾個月，才慢條斯理去找工作。我想有可能是我們台灣社會壓力比較小，所以大家過的比較安逸，但是這會不會影響台灣社會的競爭力呢？對此我也有點擔心。

走到山頂以前，途中會經過一個歷史悠久的古代牌樓，上面大大字體寫著「天街」兩個大字。從這裡，我可以俯瞰整條山路，氣勢磅薄，非常壯觀。這天我也依舊是秉持著我往常以來的「遊山」哲學，不貪圖速度，保持悠閒心情，慢慢往上行進。

等我好不容易爬到山頂，大概已經是下午四點多。北方天黑的早，泰山又沒有什麼路燈，下來的道路也很陡峭。所以為了避免下山太過匆促，在路上發生危險，我決定就在山上找一間旅社過夜，度過悠閒的一個晚上。因為確定要住在山頂，我就在附近找了一家可以過夜的飯店，房錢是一百五十塊錢人民幣，大概新台幣六百塊錢，也不算太貴。因為這時候我沒有什麼時間壓力，接下來就隨便跟路邊遊客搭訕聊天，聽聽他們的故事，了解當地的風土民情，這時人家

一石頂天的夾縫

經歷 20 億年剝蝕的泰山

把大地當床的小家庭

才告訴我，在大陸「五一」、「國慶」這兩個黃金週假期，泰山風景區光是一天之內的遊客數量，最高會有超過十萬人次來爬山。而這個時候，像我剛剛找到的這間一百五十塊錢人民幣的飯店，住宿價格就會漲到一千多塊錢人民幣，漲幅非常驚人。

到了入夜以後，我還看到，山頂的道路旁有為數不少的攤販商人在吆喝，原來是對遊客出租軍人用的加長大衣。舊的一件要十塊錢人民幣一個晚上，新的一件就二十塊人民幣。我本來有點納悶，這個軍用長大衣的用途為何？山頂雖然冷，但也不至於要穿這麼厚啊？詢問之下才知道，原來因為這幾年泰山成為著名旅遊景點，國內外觀光客絡繹不絕，也因為僧多粥少，所以很多服務跟商品，包括旅店在內，價格對於很多大陸人來說，並不是輕鬆的負擔。所以這些軍用大衣，其實是窮人的「路邊旅館」。例如情侶夫妻合租一件，鋪在地上，就可以承受露水，在山道旁邊度過一夜。

隔天早上我起的早，當我走到旅館外頭，果然這邊一件、那邊一件，到處都是軍用大衣所搭成的臨時睡袋，許多人還在裡面呼呼大睡，好像一棟一棟草綠色的小堡壘，讓我感覺很有趣。此外，也許因為泰山是千年古蹟，現在整座山頭好像已經有點過度開發了，雖然陽光下的自然風景非常美麗，但是路邊許多石碑，都一層一層油漆上人工的顏色，並且寫滿各種題字，諸如「五嶽獨尊」、「孔子小天下處」等等，在我看來，過度開發反而褻瀆了天然美景，不再迷人也沒有氣魄了。

從旅館離開後，我到山頂處遊覽了一陣子，壯闊風景可以說是俯拾即是，處處是美景如畫。

雕刻壁畫的恆山

等到我從泰山離開，大概還不到中午十一點。我也不再逗留，直接前往火車站，買了一張車票，終於要來到最後一站，五嶽裡的西嶽恆山。

我抵達山西時，已經晚上了。我開始去街上尋找過夜的飯店，前面說過，從年輕的時候開始，我出門都是隨遇而安，所以我在距離恆山比較近的一個鄉下地方，叫做大同的鄉鎮，找到了一家平價旅館，一個晚上只要

經過 1500 年歷史的懸空寺

五十塊人民幣。但因為我不重視物質享受，只要地方乾淨整齊，可以梳洗吃飯，我照樣都是安安穩穩睡到天亮。

隔天要出發前往恆山，恆山主峰天峰嶺海拔兩千零一十六公尺，主廟北嶽廟，供奉著恆山神，即北嶽大帝。地理上的恆山山脈本來並非一座山，而泛指是河北西部到山西渾源的的太行山脈。

我跟旅館櫃檯打聽了一下，恆山的觀光旅遊比較沒有那麼發達，附近沒有什麼車站或大眾運輸工具。我就叫了計程車，一路前往目的地。在車程中，這位開計程車的先生很健談，他聽說我是從台灣來做生意的，在大

木樑經過桐油浸泡，靠榫卯結構固定在山體之中的懸空寺

陸也住了好幾年，就很熱情推薦我：「趙老闆，你去恆山之前，一定要先去一趟懸空寺，這個是我們山西的奇景！」

懸空寺據說建造於宋朝宋太祖趙匡胤的時代，整間寺廟不是建造在地基上，而是整個嵌在半山腰的垂直石壁上。建築本體到現在已經超過一千年了，當時沒有鋼筋水泥，所以都是用木造建材塞入山壁，再把廟宇蓋在上面。經過如此久的時光，房子裡的木質樑柱，都沒有腐爛損壞，可見在古代中國，工藝跟科學技術已經非常發達。我詢問後才知道，懸空寺所使用的木頭，都要浸泡在桐油之中，讓桐油滲透進去木頭裡面，所以特別堅固。寺中裡面的雕刻、壁畫，也非常精緻，讓人非常讚嘆。

出了懸空寺以後，我終於來到恆山入口，也是這趟旅程的終點。在五嶽裡面，相比之下，恆山的各種現代建設比較少，遊客人數也明顯疏落很多。恆山的山路，路程也最短，走上階梯以後，途中還會經過一間千年廟宇，走路不過兩三個小時就爬到山頂了。山頂上的人也不多，可說是五嶽裡面最冷清的。在山路上還有一件趣事，一對情侶前來登山，但女生竟然穿著高跟鞋，結果走沒幾步，高跟鞋實在走不動山路，這個女孩只能把鞋子脫下，用赤腳上山。沒想到為了愛美，有時候我們都搞不清楚是人穿鞋？還是鞋穿人？這個插曲讓我覺得很有趣。

通常抵達山頂時，我都會特別期待拍幾張照片留念。但是恆山的樹木花草比較少，山區土地也比較貧瘠，沒有像嵩山華山那種讓人難忘的風景。當我從恆山出來，就搭上計程車，直接前往旁邊的五台山。

標高 2010 公尺的北嶽恆山

草原遼闊的五台山

五台山相當特別，山上有一片非常開闊的大草原。我站在草原中央，山風吹著我的頭髮，頭頂就是無盡的天空，心情感覺非常放鬆，好像來到了一個全新的世界。心中也充滿了一種，整個生命彷彿突然耳目一新的奇特感受。因為在五台山上，沒有什麼人造建築或是人為汙染，只有無邊無際的天空跟草地，還有野放的馬群，牠們安安靜靜地在大草原上面吃草，風景非常開闊。我認為，如果生活在整齊清潔的環境中，就會讓心情情緒變好，心情情緒變好做事情就順心如意，如果一個人生活的環境很髒亂，有如在垃圾堆中，心情情緒就不會順心，心情不順心情緒不好，工作的結果就會不好。

記得我父親曾說，人活在世界上，最重要的，就是生活環境重於一切。如果一個人生活在良好的環境，那麼心隨境轉，心態就會健康快樂，做任何事情也就會很順暢。我這時還忍不住想，如果我也可以居住在這片翠綠的大草原旁邊，那麼我一定每日都笑逐顏開，精神奕奕。那應該又是另外一種人生的可能性。

我在山上站立良久，最後終於收起種種遐想，非常捨不得地告別了這片美麗的風景。在走下山的路上，一個美國人 David 與我閒聊，他是在中國工作的大學教授，教授的是宗教學。他說自己本來是基督徒，但是結婚以後，開始轉向佛教禪宗。我也告訴這位美國教授，自己因為受到女兒影響，開始接近上帝，剛剛在山頂的時候，還一度有體會到屬靈感召的感受。這位美國教授其實中文講的並不好，句子語法都有點怪怪的，但是他突然說了一句很有道理的話，讓我終身難忘。美國教授是這樣說：「你是相信上帝的東方人，我是尋求涅槃的西方人，但是不管我們相信什麼，背後的精神、道理，可能沒有真正不同，因為我們都知道在這個世界上，還有神聖、偉大、超越的存在。」教授講話果然很有玄機，我們一起走出五台山，交換聯絡方式，約定好了將來如果有機會，還要互相拜訪，依依不捨揮揮手互道珍重再見。而我的「五嶽」之旅，到此終於也告一段落。

今天回想，這幾年來年紀又大了一些，如果現在要我像當年一樣，僅僅用了不到七天的時間，沒有嚮導也沒有旅伴，孤身一個人就跑遍五座壯闊大山，我說不定沒有力氣、也沒有勇氣了。

人間仙境雁盪山

不過，除了退休後的五嶽之旅，在我正式宣告退休之前，還有另外一處讓我印象特別深刻的旅行，就是我曾去拜訪與五嶽齊名的三山：浙江雁盪山、安徽黃山，還有江西廬山。雖然我平日交遊廣闊，喜歡和朋友相處、喜歡熱鬧交流，但如果要四海雲遊去參觀自然奇景的時候，我反而很能享受安靜，走進雲深不知處的高山奇峰，我會全心感受大自然的鬼斧神工，平日忙於商務的心靈也得到昇華。

為了保護大自然的樹木用竹片包著

飛鷹展翅的雁蕩山

型態萬千的小龍湫瀑布

這次的三山旅行，我首先來拜訪雁盪山。當時的天氣是冬日，空氣寒冷卻清新，我從溫州高鐵站出來後，就直接招了計程車直奔目的地。雁盪山在溫州市附近，屬於火山熔岩地質，整個山區充滿了峭壁、怪石與巨岩，還有東南第一山的稱號，非常有特色。

遠遠就可以看到兩座山峰之間，設有距離兩百五十公尺的鋼索飛車，看上去驚心動魄。走入山道，途中經過一處蓮花洞，裡面的建物完全用木頭所造，還有天然可居住的石洞，裡面供出家人在其中修行。再走入蜿蜒直上的朝陽嶂，石階沿著山壁建造，極度陡峭，我差點都站不住腳。峭壁之下還有觀音洞，沿著難以想像的曲折山路走進去，裡面都是觀音神像，點著小燈有如世外桃源。山上有一處大龍湫瀑布，號稱中國四大瀑布之一，瀑布水勢落差接近兩百公尺，有如天上一片大海倒掛在頭上，非常壯觀。

整個雁盪山的景色，到處都是奇怪的山洞、高聳的峭壁，真可說是百轉千迴，世界等級的奇觀。隨便在山上撿起一塊石頭，紋理都非常奇妙深邃，仔細往石頭裡面看，彷彿有整個世界在若隱若現，非常耐看。當我到了剪刀峰，遠遠看著像是一隻站立跳舞的熊，而夫妻峰看起來則是一對恩愛情侶的樣子，但走開幾步，換個角度，山形樣貌又有不同。

到了晚上，風景區中還有很多活動。只要坐二十分鐘計程車，就會帶你去看整座山的夜景，這個活動要花費五十塊錢人民幣，大概新台幣兩百塊而已。因為雁盪山的地質石材奇特，處處奇峰拔起，處處岩洞幽深，所以夜間山景都有加上人工燈光用以造景。有片大石頭上面是中國書法家趙樸初所提的大字，上面寫「奇景仙境」，我覺得沒有比「仙境」更好的形容詞。

整座雁盪山，有如一個極致的藝術品，每個地方的特色都和其他地方環環相扣，互相呼應，無法想像這些美景是天然生成，讓我有種人生不虛此行的感覺。當我看到這些奇山、怪石、神木，深深感到人的想像力有時而窮，雖然我們常說「路是人走出來的」，但是，在深山密林，那些人類還未抵達的許多地方，總是存在著如此無法用言語形容的自然美景，除了是上帝有意而為，用來彰顯耶和華榮耀的創造，我想不出別的解釋，只有對之深深敬畏了。

用檜木建造的房子

天下第一奇山黃山

告別雁盪山後，我再次坐上火車，大清晨就來到了杭州屯溪。還沒進入黃山，山腳下的老街已經讓我驚嘆。老街上傳統建築櫛比鱗次，巷弄之間散發一股人文氣息，感覺是歷史悠久的文化勝地，讓遠方來的我很是驚喜。抵達黃山後，先來到入口售票處買票，並且參觀當地的地質博物館，大概早上十點左右，我開始登山，在已經飄著雪花的漫長山路上自己慢慢前進。

在沿途上，很多三三兩兩的登山遊客，甚至還有三代同堂的大家庭全家人一起浩浩蕩蕩爬山。有個阿公給我留下深刻印象，阿公把孫子揹在背上一步一步攀爬，反而是瘦弱的爸爸在旁邊兩手空空。這位強壯的阿公皮膚黝黑，雖然年紀大，但是身體還是很結實，感覺上是真正吃過苦的人。當時我就有一種感覺，好像是一代不如一代。

黃山下也有提供坐轎子的服務。有些遊客懶得自己爬、或者沒有體力，就會坐轎子上山，或者更方便的選項也有，直接坐電纜車上去也行。但我自己的習慣，不管是做生意、過生活、出門遊玩，都喜歡選那條要親身體驗、走起來跌跌撞撞的路，所以當然還是用自己的雙腳，一步一腳印走上去，才可以說沒有大老遠白來黃山一趟。

在黃山登山階梯的兩側，長滿了粗壯高大松樹，這時還飄著大雪，白雪皚皚中露出幾叢千年以來的翠綠松樹，美麗的讓人如癡如醉，比任何名畫都更漂亮。雪中老松，這是台灣看不到的景色。黃山山巔叫做光明頂，放眼四面望過去，層層相疊的山峯林立，群山把我們這一群遊客包圍起來，天地之間竟然如此遼闊，讓我非常感動。

在黃山上，一些古老建築都是佛教寺廟，比較沒有西方的教堂，光明頂上也有讓遊客可以吃飯喝茶，稍事休息的私營商店，也有一處「排雲樓」，跟玉山一樣。然後我進去商店，趕快點了一碗十五塊錢人民幣的泡麵、一碗十四塊錢人民幣的花生湯，在飄降大雪的寒冷天氣中把熱湯用湯匙送進嘴巴，一股暖流馬上沖入腹中，有種重生的暢快感覺，真是太舒服了。打聽了一下，現在是冬天遊客較少，但是夏天時，每天可能有快要五萬人來遊覽黃山，數量非常驚人。

準備下山時，已經下午四、五點了，再用雙腳走下來可能會太晚，所以我就前往雲谷去搭乘索道下山。每次我爬這種壯闊的大山，都有種又愛又恨的感覺。恨是因為，從大清早到傍晚一整天爬下來，難免全身痠痛無力，仿佛虛脫，會跟自己說，這麼累這麼疲倦，以後我這把老骨頭不要再給自己找麻煩，搭乘纜車不是省事得多。但是爬山這件事，當然更多是美好的感受，因為每次一路走來，在山中小路大開眼界，走在飄雪的山徑中，兩邊是結冰的巨大老松樹，再請旁邊的人幫我拍一張照片當做見證，看著照片中汗流浹背的自己，好像完成了一種巨大的成就，克服了某種年輕人也無法堅持全程的難關，不禁充滿了成就感，心中也非常得意滿足。

黃山光明頂

峽谷幻境廬山

從安徽黃山離開後，我又坐車來到江西的九江。我下榻的旅館叫做天街酒店，一共住了兩晚。其中一個晚上，我安排了去琴湖坐船夜遊的行程，琴湖四周有小山圍繞，湖的形狀類似小提琴，度過非常安靜優美的夜晚。剛好第二天是星期天，我就專程去參加廬山基督教會的大禮拜。廬山基督教會的歷史有一百多年了，建築物方正莊嚴，是英國傳教士用當地大型石塊砌成，我還記得當天講道的主題，是關於信仰和信心，在肅穆的唱詩歌聲中，我也非常感動，更堅定了自己追隨上帝教誨的心意。

平常有句俗話說，「不識廬山真面目」，等到我自己用雙腿走進廬山，親歷其境，才知道這句話真的非常有道裡。此處素來有「世界地質公園」的美名，群峰聳立，地形多變，有谷地、斷層、峽谷各種不可思議景觀，渺小的人類走在幻境般的山路上，無時無刻都感覺到風景變化，甚至弄不清自己置身何地。

廬山還有一個響亮的稱號，所謂「世界建築博物館」。清朝末年民國初年，很多外國傳教士在這邊工作，幾十公頃山坡地都簽下合約，蓋起很多世界各國不同文化風格、形形色色的別墅，每間看起來都是古色古香。在別墅群中，還有蔣介石跟宋美齡的故居。他們當年使用的鋼琴、衛浴設備、房間陳設，都被完整保留下來，房中還有一台燒煤油的老式冰箱，現在已經很少看到這類骨董家具，讓我大開眼界。

廬山的風景非常秀麗，山勢也都不陡峭，卻總是有吸引眼球的奇景。這裡不管是氣候、環境、人文，都讓人流連忘返。我在廬山的山路上慢慢踱步，心中一邊思考，如果未來從公司退休、手中事業都放心交棒給兒女之後，我一定要抽出空閒，在夏天來到這裡避暑。在這麼優美舒適的環境中，沒有目的的住上十天半個月，那應該是人生的最大樂事，讓人非常嚮往。我其實是個熱愛工作的人，很少思考退休之類的問題，當時我心中竟然動了「退休來此度假」的念頭，可見此地有多麼迷人。

在年輕時候，多次聽人家說過、講過所謂三山五嶽的名號。人們都會說這些名山如何如何美麗、如何如何壯闊，是生命中必得造訪過的地方……等到我自己也一一參訪了這些風景勝地，真的一步一腳印，親身走過山徑，登上頂峰，我會覺得上面這些說法有其道理，因為從旅遊角度，能夠親眼目擊難得美景，真的是非常幸福。

岩石砌切的基督教堂

中國第一名山 廬山

攀岩的軟梯

除此之外，喜歡爬山的我，心裡頭還有另外一層的想法：在我自己攀爬這些名勝大山的時候，身邊只有花草樹木、新鮮清新空氣，沒有任何人逼著我催促我趕快走，或者非得抵達什麼地方不可，反而是，假如我喜歡在那裡停下來，就在那裡逗留。這種自由自在、沒有束縛的走路方式，我稱為「遊山」而不是「爬山」。我覺得人生也是類似的道理，做自己歡喜的事情、做自己熱愛的事情，而不是被外在環境逼著去狼狽回應。我認為人生最高的境界，就像是爬一座開放而親切的高山，隨心所欲，去你想去的地方，從頭到尾悠遊自在、從容快樂。

多年來在商場上的經歷，讓我比較偏向「實踐」。我不貪圖物質享受，可是卻會被好奇心所驅使，想要看見更多美麗的大自然、還有上帝所創造的不可思議的景色。今天回想，這幾年來年紀又大了一些，如果現在要我像當年一樣，僅僅用了不到七天的時間，沒有嚮導也沒有旅伴，孤身一個人就跑遍五座壯闊大山，我說不定沒有力氣、也沒有勇氣了。想到這裡，我非常慶幸，因為自己過去總是即知即行，一旦動了參訪大山的念頭，我就馬上去實行，果然也給人生留下不可替代的美好回憶。

當然，我的勇氣並不只來自個性。我有幸福美滿的家庭、也有堅定忠貞的信仰，這些都是人生的後盾，它們讓我可以勇敢逐夢、無所顧忌。我要再一次感謝神的祝福，上帝的同在與帶領，讓我隨時都能保有信念，「Just do it!」其實我們的生命就如同無數次說走就走的旅程，只要心中充滿勇氣，隨手收拾簡單行囊，不管在人生那個階段，我們都可以展開讓自己變得更豐富飽滿、學習領略更多真諦的美好旅途。

9萬5千元33天南歐背包客之旅

2016年我在家中書架上，找到一本舊書，書名是《歐洲後門之旅》。我心裡想：「歐洲還有後門？」覺得這書名很有意思，就坐下來把這本書讀完。書中的介紹非常生動，裡面說到，如果熟門熟路，到歐洲去玩其實很便宜，一天只要花不到五十美元。一問之下，原來這本書是我太太妙芳買的，但卻讓我對歐洲產生莫大興趣。就我所知，台灣人出國平均一天的花費，通常都會在五千元新台幣以上，甚至更多，但是按照本書所言，如果我們從「後門」在歐洲輕鬆自助旅行，那麼一天的費用只要區區五十美元，約合新台幣一千五百元而已，這也是我想去歐洲看看的主要誘因。

接下來幾天，我心中一直有種衝動，想要按照這本書的說明，自己去歐洲旅行。我就去跟妙芳討論：「親愛的太太，你這本書非常有意思，我也很想自己一個人去歐洲旅行。」

沒有想到，妙芳一聽之下，就表現的很不放心，因為當時南歐的政治局勢比較混亂，聽說

為了嬰兒車托運 中正機場第一次享受身心健康政府的福利政策 機場櫃檯服務人員要我一定要坐輪椅 不然我的手推車不能上飛機

治安也不太好，因此妙芳相當反對。接下來我們又討論了好幾個月，她都不同意。不過我的大兒子純賢，倒是非常支持我。可說是知父莫若子，他知道我這個人就是不怕冒險，喜歡嚐試新鮮事物。

有一天晚上，我們又在客廳討論。妙芳說：「你英文說的又不太好，一個人去歐洲，要是到時候晚上攔不到車子、回不了旅舍，那要怎麼辦？」沒想到我這個人向來就是越挫越勇，我馬上順著這個問題回答說：「一部車子攔不到，那很好啊，我可以去攔十部。」純賢一聽就笑了：「按照爸爸的個性，我看他可以攔一百部路邊汽車，總會遇到好心人願意載他。大不了去攔警車啊！」妙芳看我這麼堅持，兒女們又幫我說話，最後終於同意了。

既然得到妙芳的支持，那我當然趕快著手準備。我首先打電話給駐西班牙大使館，詢問他們，到西班牙旅遊，當地飯店一個晚上的消費大概會要多少錢。大使館回答，要兩千塊台幣，我就說，「西班牙的旅館怎麼那麼貴？」但是對方回答：「這個價格會比台灣貴嗎？」我就不敢再多說了。

然後，我再打電話給台灣派駐的外貿協會，跟我通電話的是蔡主任，她聽我說要去西班牙旅遊，就很熱情的說：「趙先生，你如果來西班牙，記得來我們辦公室玩，我要請你吃飯！」但是我想，之前我幾次去各國外貿協會，因為多半是公事，為了尊重對方，我都習慣穿得西裝筆挺，這是基本禮儀，甚至還會帶禮物過去慰勞，但這次就不一樣，完全是私人行程，是我自己要來歐洲旅遊，而不是有公司業務需要往來，所以我就請她留下單位的當地電話，如果我真的迷路或遭小偷，在歐洲還有地方可以求援。結果，妙芳知道外貿協會有跟我接洽以後，她就比較放心，想說我雖然一個人在歐洲，但還是有個照應。

除了聯絡我國在西班牙的各級單位，我還順便想到，這幾年脊椎有受一點傷，第四節、第五節有點椎間盤突出，不時就會感受到痠痛。所以我先到醫院去，請醫生開一張證明，上面說明我走路時需要輔具。然後我到處打聽，去找廠商買了一台「嬰兒車」，這台嬰兒車只要兩千五百元，車下使用大輪子，行動之間非常穩定，若要轉彎或閃避的靈敏度也非常高。我還在車上面蓋了一片布，布上面則有我們公司 HyperSonic 的字樣。我的打算是，到了歐洲就把全身行李都放在嬰兒車上，如果走路逛街累了，還可以躺在嬰兒車上睡個半小時。

會有這個點子是因為，有一次我帶著孫子出門，孫子還小，我在辦事的時候，他就睡在嬰兒車搖籃裡面睡得很香甜。這讓我靈機一動，假如用嬰兒車來裝行李，那不是非常方便？而且有時候，如果到了景點，要研究一下地圖跟旅遊指南，我直接坐在嬰兒車上面。這樣一來，行李有個安全的隨身攜帶方式，而我也不用去擔心陌生的地方沒有長椅可以休息。

當我把我的點子告訴訂製嬰兒車的那位顏老闆，他也覺得這個想法很妙。不過他告訴我：

「趙先生，這台嬰兒車大概有十點五公斤，並不輕喔。」我嚇了一跳，我說我的行李加起來也沒有這麼重，坐飛機又有行李重量限制，那我出入境的時候會不會不方便？顏老闆馬上回答：「只要是輪椅跟嬰兒車，在航空公司的托運裡面，都是不算入行李總重量的。」

其他行李我就力求簡單，換洗衣物方面，我還特地跑了一趟跳蚤市場，買了好幾件替代役專用的制服褲子跟外套，我知道歐洲那邊有些地方治安不太好，我的用意就是，讓人家一看就知道，我身上沒有值錢的東西。為了安全，我還帶上隨身準備的一個哨

預定飛機維修 陰錯陽差坐上了 A380 最多可搭乘 893 人

西班牙馬德里 與Ａ 380 飛機的空服員合照

子，萬一發生緊急狀況，到時候我可以吹哨子來引起路人注意。同時我也準備了一些簡單的盥洗用具、洗衣服的肥皂粉，我想說旅程超過一個月，身上衣物當然需要清洗。當我準備好這一次出國的整個行李清單，如果不去算嬰兒車，那麼這趟旅行的行李重量，大概十三點八公斤。我可以大聲說：現在我準備好了！

最後，我在網路上找到一間旅行社，專門幫台灣旅客辦歐洲的火車票、機票。我打電話到這間位於台中的歐洲飛達龍旅行社，是一位馬小姐接的電話，我告訴她：「我這次旅行會經過西班牙，主要是因為我聽說西班牙最有名的，就是高第的建築。希望你幫我準備好交通車票以及幫我預留在高第的行程。」這位馬小姐回應我：「高第好像是人名，我幫你查詢看看。」然後她告訴我，高第是西班牙非常有名氣的國寶級建築大師。我聽了很高興，我又說：「我這個人就是興趣最重要，興趣擺第一。只要有興趣的東西，我都會克服萬難去實踐。」馬小姐一聽就笑了，她跟我說：「趙先生快要七十歲了，真的很勇敢。趙先生雖然搞不清楚高第是誰，英語又講不好，居然還決定一個人出國去玩，實在讓人很佩服。」我還在台灣先辦一張國際青年旅舍的會員卡，只要六百塊錢，就有為期一年的會員住宿資格。聽說青年旅舍在全球各地總共有三十五萬個床位，去那個地方都可以很輕鬆地找到物美價廉的住宿地點。

萬事俱備後，我在2016年7月20日開始了這趟旅行，說自己一個人出國自助旅行不會感到緊張，那當然是騙人的，但是我又轉念，這趟旅行也是一次人生挑戰，就開開心心到了中正機場。沒想到出境的時候，機場辦事人員果然有意見。他們問我說：「趙先生，你推這台嬰兒車，可是卻沒有帶著嬰兒，這樣不合規定。」我趕快拿出醫生證明給他們看，接著解釋：「這不是嬰兒車，因為我走路不方便，這是我的輔具，沒有嬰兒車的話，我在外面走路會有障礙。」

然後服務人員眉頭皺了一下，他仔細想了想，就去旁邊推了一張電動輪椅，讓我坐上輪椅通關，這樣才能符合使用輔具的資格。後來，他推我通關之後，我說：「謝謝你，我可以下來自己走。」服務人員又說不行，一定要送到候機室，才符合規定。到了候機室，我突然想起我還沒有買酒，結果服務人員竟然又把我推回免稅商店，陪我買酒買東西。當然免稅店的店員也非常客氣，都過來我身邊，幫我服務。雖然第一次在機場坐輪椅，感覺有點不好意思，但我忍不住想，台灣社會對身心障礙者的服務實在很周到，我們這方面真的很先進、很文明。我自助旅行去了南歐西班牙、安道爾、法國土魯士，葡萄牙33天，食衣住行總共才花9萬5千元。

古蹟迷人的西班牙

出國的時候，我本來買的是荷蘭航空機票，但是臨時飛機發生硬體故障，需要重新檢修，那次湊巧有一班阿聯酋航空的 A380 客機在機場，所以我就被換成 A380 的飛機坐位。沒想到 A380 這麼大，這麼豪華，飛機裡面有兩層座艙，我還沒出國，就開了眼界。下飛機的時候，因為飛機上的空服員都是中東人，她們都長的很高，五官也很深邃，我就找中東空姐合照一張。沒想到拍照到一半，機師看到我們正在合照，馬上也跑了過來，比手畫腳說他也要加入，讓我哈哈大笑，覺得他們真的非常熱情。

第一站是西班牙馬德里，馬德里機場非常漂亮，裡面有很多有趣的設計，是我從來沒看過的，機場還有一部大型電梯，非常寬敞，差不多可以裝進四十個人，幾十年來我跑過那麼多國家，從來沒有見過這麼氣派的電梯。很多人在海關檢查耽擱了很久時間，但是我滿面微笑，很有禮貌，一兩分鐘我就通關了。通關的時候海關還問我說：「要在這裡待多久？」我回答說，我來這邊自助旅行一個月，沒想到海關竟然說：「時間太短了！可能漂亮的風景看不完喔。」然後就對我微笑，揮揮手讓我馬上通過。我認為，海關之所以對我毫不刁難，讓我迅速通關，回想起來最重要的就是自身態度友善合作，因此讓對方也樂意給我方便。

出了機場，我就找人問路。我早就把我要去的目的地，照好相片，放在手機裡。雖然我英文不算太好，在那邊言語不通，但是人家看到我手機裡面的照片，就知道我要去那裡。每次問路，路人都會親切的回答我。之前聽人家說，西班牙的服務不太好，但我完全感覺不出來，因為我遇到的外國人都很有耐性

來自不同國家的青年旅館室友

又很體貼。而且，馬德里的建築物非常有特色，市容也很美麗，我才知道原來這裡是這麼漂亮的城市。

住進青年旅舍也是很特別的體驗。在青年旅舍住宿，一個晚上只要二十三塊歐元，非常便宜，而且設備也都很好。旅舍裡面都是上下鋪。有些房間是五張床、也有十張床的房間。青年旅舍也提供早餐，如果旅客不怕麻煩，他們也準備有廚房，可以自己去當地超市購買食材來調理。餐廳裡的咖啡也都是免費的。青年旅舍的氣氛非常好，到了晚上，世界各國的旅客會聚在一起唱歌聊天。

有些青年旅舍的早餐要額外收費，我就詢問室友，一頓早餐居然要五歐元，這樣會不會太貴了一點？這位室友卻回答我，明早你吃吃看，菜色很豐富喔！隔天早上進了餐廳，果然好吃而且美味。有時候在旅館餐廳裡，我就找一張高腳桌，一邊慢慢喝咖啡，一邊去跟旅舍裡的其他年輕旅客談天，聊聊當地文化、聊聊各自的故鄉。很多年輕旅客都是各國美女，秀色可餐、環肥燕瘦，早餐時光因此非常愉快。

在我住的青年旅舍中，有好幾間是男女合宿的，也很特別，歐洲女生特別大方，有一些女孩要換內衣的時候，她也不會去遮遮掩掩，轉過身去就直接脫衣換衣，也沒有在怕別人偷看，有時會害我很不好意思。因為房間不分性別，上下鋪有男有女，我還看到有女生把紅色胸罩直接掛在床邊欄杆，完全不在意他人眼光。歐洲女孩都很開放，跟台灣人的氣質大不相同。還有一次，有個愛爾蘭年輕人拿大麻菸給我抽，大家聊天喝酒抽菸還有哈哈大笑，才互道晚安去睡覺。如果我跟旅行團來歐洲，那一定沒有機會感受到青年旅舍中這種快樂又放鬆的氣氛。

西班牙馬德里的普拉多博物館，是世界上最大的博物館，收藏有從十四世紀到十九世紀來自全歐洲的古典繪畫、雕塑和各類工藝品，是當地最受歡迎的景點之一。光是這一間博物館，我就逛了整整三天。博物館裡面的收藏品琳瑯滿目，有好幾百年前的戒指、盔甲、餐具，也有栩栩如生的油畫跟雕像。雖然我自己在歐洲這三十三天，英文說的不好，路也不太認得，又沒有旅伴只有孤身一個人，可是每天都隨心所欲，想去那裡就去那裡，想多看一個小時就看一個小時，消費又很便宜，人文景觀和自然風光都那麼美麗，人生最快樂的事情就是沒有任何人管你，那幾天我真的有一種「死而無憾」、我的生命已經體會過整個世界上最美好最崇高事物的奇妙感覺。

我也去參觀馬德里的太陽廣場，在那邊聽當地人說起，這裡曾經有一萬個人在廣場上裸體曬太陽，非常難想像那種壯觀的景象。

還有一次，我在大街小巷隨意亂逛，突然看到一家西餐廳外面人山人海，我就走過去看熱鬧，順便照幾張相。原來這裡是「世界上最古老的西餐廳」，這下子就激起我的好奇心。外面

西班牙天馬行空的設計，讓旅客留下印象，露出的臉部是作者趙銀環

西班聖家堂，設計師去世一百多年後才完成

有菜單，我在門口拍了幾張照片，然後上網再查一查，這家餐廳最有名氣的招牌菜是烤豬腳，十五歐元。剛好這時候大概是中午十一點，我肚子也餓了，我就推著嬰兒車進去訂位，因為還沒開始營業，店員就請我下午一點再進來用餐。等我外面逛完一圈回來，服務生幫我把嬰兒車收好，引導我到地下室入座。我坐在儲藏室的旁邊，裡面的餐具桌椅都古色古香，屋子裡到處都是拱形結構，梁柱上面有一層灰塵非常厚。酒窖旁邊還擺有溫度計。我旁邊一桌是個東方面孔的年輕女生，我就跟她攀談聊天，才知道她是中國航空公司的空服小姐，剛好航班停在這裡，所以就利用空閒時間出來到處逛一逛。

離開馬德里，下一站是巴塞隆納，西班牙的第二大城市，有很多高第所設計的著名建築，樣式非常特別。就算是路邊的普通房舍，很多看起來都是藝術品的等級，建造的非常別緻。甚至有些建築物還沒蓋好，就被列入世界文化遺產。這次自助旅行我主要看兩樣，博物館和教堂，只要路過古蹟，我一定過去參觀。我印象最深刻的是世界知名的聖家堂，建築物高聳入雲，高第逝世已經一百年了，還沒有蓋好，到現在政府還在維修建造，那些裝飾、神聖的氣氛、絡繹不絕的遊客，都讓我嘆為觀止。後來我還去畢卡索的美術館。裡面從他七八歲的作品開始，一直收錄到成名以後的作品，都很齊全，讓人感覺到歐洲文化是如此深厚，他們的藝術家被政府看重，也很珍惜藝術家過世後留下的文物。

這段期間裡，為了避免旅程出錯，我都會在行程前一天，先去車站把隔天目的地的車票預先買好。這種做法當然有點浪費時間，但也比較安全，更何況歐洲的風景那麼美麗，光是在大街上漫步都心曠神怡，也是一種享受。

我在西班牙還有一個特殊感受，在各大景點，有很多身心障礙、手腳不方便的遊客。我就想，像我這樣幸運的身心健全的人，如果還不把握機會出來闖蕩見識，那不是浪費了上帝對我健康身體的眷顧了嗎？第一次當背包客，我覺得這趟旅行非常值得，語言不通不是問題，最重要的還是在於對這個世界、對於去外面冒險有沒有興趣。有興趣，就會有熱情跟決心，有熱情跟決心，就會有克服語言障礙的勇氣。

後來我離開西班牙，搭乘公車越過國境到安道爾。安道爾是法國和西班牙中間的一個小型國家，整個國家的居民總共只有幾萬人而已，那邊據說也是免稅天堂，有種小國寡民、雞犬相聞的悠閒味道。當地很多藝術品的造型，都很有特色，博物館也很有獨特氣氛。在安道爾，我感受最深的就是，走過每一個十字路口，不管路口再怎麼窄，一定都會有個圓環，視覺上非常美麗。當地的人都很和善，剛好那時候我的眼鏡壞掉，鏡架不知為何突然鬆開，我找了一家商店，老闆很快就幫我換好螺絲，完全沒有跟我收錢。當我穿過國境的時候，守衛只是對我微笑，完全沒有檢查護照，整個國家的氣氛都很隨興。

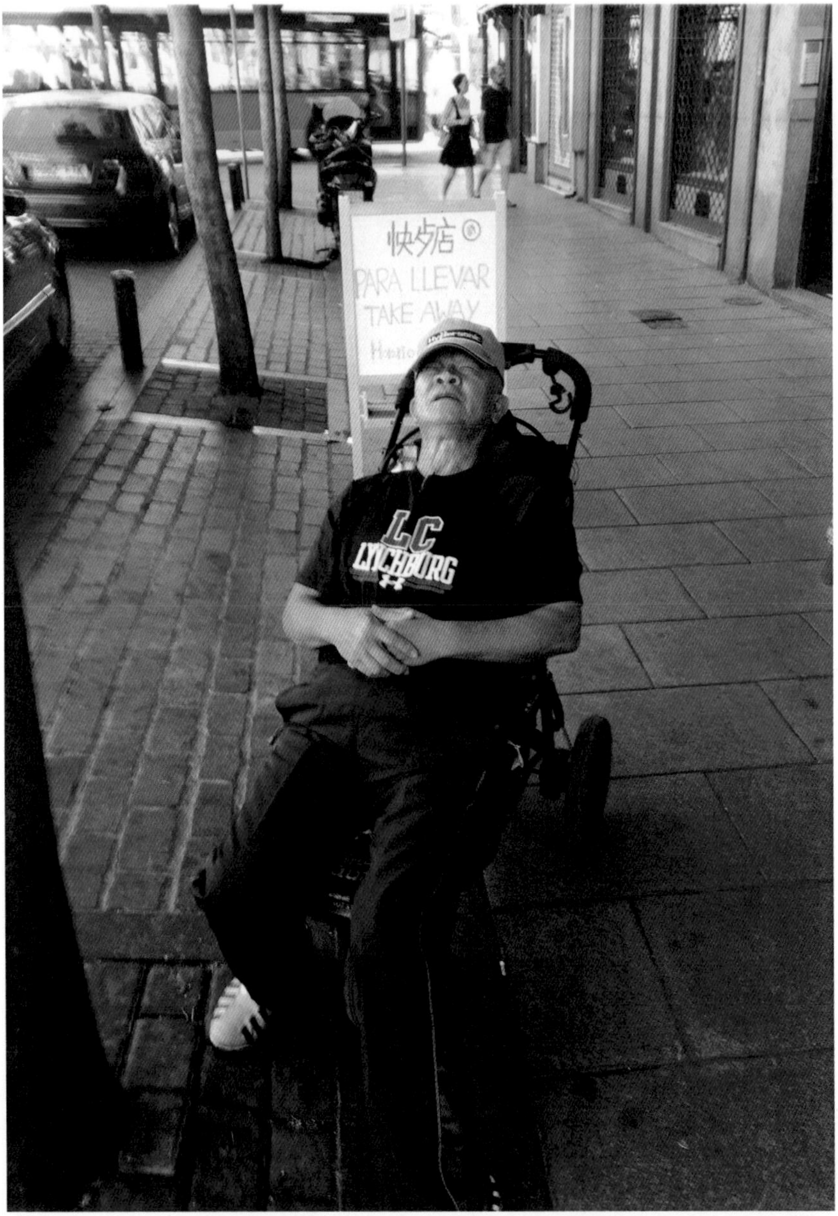

西班牙街頭小睡片刻 手推嬰兒車兼睡床

西班牙的風景和古蹟也非常迷人。我還特別去當年麥哲倫出航的港口參觀。想到好幾百年前，這些冒險家要遠渡重洋，橫越整個大西洋，要花上好幾個月，要忍受缺乏食物飲水的痛苦，可能還會遭遇海盜，船上水手也可能會叛變，旅途危險又漫長。當年麥哲倫環球航行，五艘船有兩百七十個水手出去，最後只有十八人回國，非常的不容易。但是也是因為麥哲倫不懼怕風險，最後才能完成環球之旅。我站在港口一邊思考，從古到今，道理都沒變過，人如果要成功，一定要有決心跟勇氣，要有其他人沒有的冒險精神。麥哲倫的成功不是偶然，我們通常看到偉人身上光鮮亮

創立於 1782 年 世界上最古老的西餐廳

麗的一面，但是麥哲倫一路上吃的苦頭、他的膽識，其實都不是常人能夠忍受。如果是現在，你問我還有沒有勇氣自己一個人去歐洲自助旅行，來面對未知的每一天，並且充滿挑戰性活出自己，說不定我已不像當年那麼勇敢，已經沒辦法提著行李說走就走，一待就是三十三天了。

在西班牙還有另一次，我看到警察盤問一個身高兩百公分的大漢。大漢突然轉頭就跑，警察趕快吹哨子，騎上摩托車，附近的警車都迅速集結過來。我上前一打聽才知道，原來有是一個紐約來的華人遊客，在飯店門口拿出皮包來算錢，結果這個大漢瞬間靠近，搶了錢包就跑掉，警察才會過去抓他。所以不管在那裡，錢不露白非常重要。

安道爾之後下一站，是前往以製造空中巴士聞名的法國古都土魯斯。土魯斯也是藝術與歷史的重鎮，這邊的博物館都很古老，一看就知道這個地方很有文化。我從土魯斯公車站出來，就看到有四個身材高大的士兵，手上還拿著衝鋒槍到處巡視，在台灣很少看見軍警在街上拿著武器。還有一些當地人騎著腳踏車漫遊，後面的馬鞍包裡，行李都是滿滿的，因為歐洲人很喜歡騎腳踏車到處旅行，他們很懂得享受，生活也很有情調。

自由自在的葡萄牙

再來就是前往葡萄牙，抵達葡萄牙的里斯本，出來以後的第一餐，我在路邊隨便找了一家餐廳，我叫了一隻烤雞和一瓶紅酒，全部不超過十五歐元，又很好吃，也非常便宜。

吃飽喝足以後，我又沿途問路，很快就找到青年旅舍的地址。在里斯本我一樣住在青年旅舍，這邊住一個晚上的價格，只要十八歐元，折合新台幣 648 塊，也是非常便宜，我就住了一個星期。這邊的旅舍房間比較小，房間光是塞進我的嬰兒車，就差不多塞滿了，但是這裡麻雀雖小五臟俱全，住起來也很舒服。如果說青年旅舍有什麼缺點，大概就是我的房間在五樓，旅舍裡又沒有電梯，我這個老人家爬樓梯爬的很累。記得在櫃檯辦完入住手續，我拿著鑰匙一直往上爬到五樓，不禁氣喘吁吁。這時我心裡很想跟公司的小姐說：「我這個六十九歲的人，每天還要爬到五樓，上上下下真的太累了！」但是後來要離開時，我在櫃檯結帳，一天的住宿費只要十八歐元，可以說每天省下一千元新台幣，之前我那種因為樓層太高的抱怨心態就消失了。

里斯本耶穌大雕像

假如讓我多爬兩樓，就可以省下一千元，我覺得很值得。

如果去住大型飯店，那花費就相當可觀，所以每天願意爬個三四樓，同時就等於每天額外省下幾千塊錢，讓我有種開心的感覺。過去出差做生意，我都會找體面飯店，一個晚上五六千塊新台幣起跳，假如生意最後沒有談成，那經濟上面的壓力就來了，因為住在商務旅舍也是一種投資，但是投資本來就有賺有賠，心理上還是有些負擔。但是現在我自己一個人出來玩，住進八百塊錢的青年旅舍，自由自在，非常逍遙，我感覺毫無壓力。

當地的捷運也很便宜。而且四通八達，非常方便。在葡萄牙我去參觀他們的馬車博物館，又一次嘆為觀止。遙想五六百年前，歐洲的馬車構造已經非常複雜、非常精細。我是做汽車用品的，所以關於汽車的組裝跟結構，當然特別有心得。從小可以見大，看到歐洲的馬車，就能夠了解現代的汽車有非常多設計，都是從早年的馬車一脈相承下來。過去這種馬車沒有安裝避震器跟彈簧，如果坐上馬車來橫越歐洲，可能都要花上十天半個月，也許乘客的屁股都要坐爛了，一定很不舒服。想到這裡，就覺得現代人非常幸福，物質條件非常寬裕，就算是在古代歐洲當一個國王，平常生活起居可能還比不上一個現代的普通老百姓。你想想看，國王搭乘馬車巡視國土，要層層穿戴正裝，整個旅途還要花掉好幾個月以上，簡直不舒服又浪費時間。可是現代人有飛機輪船汽車，想去哪裡旅遊就去哪裡旅遊，這是多麼幸福。還有，隨便就吃的到各種異國美食、山珍海味，還有各種電子產品、舒適合身的衣服，拜科技進步之賜，我們如今的食衣住行都很享受。

這一次南歐自助旅行，超過一個月，我花了還不到十萬塊新台幣，算一算九萬五千塊錢而已，平均每天才花三千多塊錢，住宿最貴的一晚，我記得也只有新台幣一千兩百塊錢而已。僅管花費不高，但是每天我都面對未知的風景，從沒看過的人事物迎面而來，感覺就像是上了一堂充滿新知識的課程，讓我的心裡非常充實，增廣了許多見聞，也認識了不同國家的有趣文化，沒有比這樣的旅行更划算的自我充實課程了。

多年來，我總是在世界各地談生意，從這裡飛到那裡，所以單打獨鬥習慣了，覺得很自在。不過當然我也有感到困擾的時候，因為歐洲公共廁所很少，所以常常找不到公廁。最後經驗多了，才知道是各國國情不同，歐洲人愛喝咖啡，滿街的咖啡店其實也有廁所的功能。花上一塊六歐元，大概新台幣六十塊錢，在路邊點一杯咖啡，坐下來休息休息，看看風景也看看人，然後也可以在咖啡店裡借廁所，這就是歐洲人的生活方式。

在這次旅行中，我只搭過一次的計程車，其他大部分時候，我都是坐地鐵跟公車。記得那時候要去參觀全世界第二大的耶穌基督肖像，大概有七十公尺左右的高度。因為當地那邊沒有地鐵站，所以我只能搭計程車過去。但總體來說，交通非常方便。我還注意到南歐的馬路，很多是用方形石磚砌成的，那可能是早期讓馬車走的道路。在葡萄牙，他們的超市、水果攤、各種設施，都比台灣還落後，價格上也比較便宜，所以我想這個國家的經濟狀況不是很好，不過南歐的水果非常好吃，到現在想起來，都還會流口水。

還有幾件印象比較深刻的事情。

記得在葡萄牙，我買了紀念品想要退稅，問了好幾個人才搞清楚細節。其實在一路上，我到處問路請教，都得到親切的回應。我想整趟旅途下來，應該詢問了超過兩百個人以上。還有因為是自助旅行，在穿衣服方面，我以輕鬆自在為主，也沒人會管你的穿著打扮。

里斯本琳瑯滿目的跳蚤市場

整趟旅程我都沒有穿襪子，有時候就套著一雙白色拖鞋，到美術館、博物館參觀，歐洲的博物館不會管你的儀容，反而讓我更能夠投入這次旅行。

有幾次，旅館或博物館的人員，反而是不願意讓我推著這部沒有嬰兒的嬰兒車。其實這部嬰兒車非常堅固，累了就可以躺在上面睡個午覺。出國之前，我在台灣買了一台全新的照相機，相機跟行李我都掛在嬰兒車上面，如果走累了，我就會坐下來，坐在嬰兒車前設計給小孩子放腳的地方。有一次我在公園休息，一邊調整自己的相機，突然有一個當地人走過來，他告訴我：「先生你要小心，因為你後面一直跟著另一個男

里斯本摩押人城堡

性，說不定他是要偷你的行李。」那個跟隨我很久的嫌疑人在後面聽見，火冒三丈走過來理論。他說：「我沒有要偷東西！」兩個人吵了起來。

吵了一會沒有結果，後來那個有嫌疑的人就離開了。我就趕快推嬰兒車走過去，感謝那位善意提醒我的先生。其實，我在嬰兒車上有準備卡扣，如果是比較值錢的東西，我也都會扣起來，如果小偷要偷東西，那他得先割斷帶子，才能拿走我的東西。原本我休息的時候，我會面朝風景或大街，坐在嬰兒車上，但經過這次疑似小偷事件，我就會反過來坐下，臉朝向嬰兒車的方向，隨時監視，避免車裡面的行李被陌生人偷走。可見如果去經濟條件比較差的地方旅遊，真的必須提高警覺，才能保護自己。

這次南歐的自助旅行，還讓我額外發現一個心得：原來住進青年旅舍，竟然這麼便宜。過去我一向認為，到國外旅遊機會難得，所以重心要擺在觀光的過程，應該要把多數時間，都花在參觀各種新奇事物跟美麗風景上，一大早就要把握時間趕快出門，在外面走動一整天才回來。其實我們去旅行，真正待在旅舍的時間非常短，旅舍本來應該就是一個睡覺的地方，不會是旅行的重點。儘管出國旅行並不是為了參觀五星旅館，但現實情況是，通常旅館都不便宜，就算沒有什麼利用，每一個晚上還是會花掉三千、四千塊錢，真的很划不來。但是青年旅舍對於真正熱愛旅遊的人來說，顯然非常實惠，可以便宜地解決睡覺需求，再加上豐盛的早餐，說起來非常划算，有機會應該多多利用。

另外我還有一個心得：雖然我不太懂英文，只會少數幾句破爛的日常會話，但是，這次旅行我光靠自己，就把整個南歐繞了一圈，回想起來自己也很滿意，真的是一招半式闖天下。如果你問我，我是怎麼克服語言上的困難，自己一個人走遍南歐？那我想，最大的動力就在於，南歐之旅是我的夢想，我知道過去南歐的幾個國家，比如以前葡萄牙、西班牙都是海盜國家，它們掠奪世界各國財富，所以非常富裕，大量資金投入在教堂及博物館，是世界級的美景，所以我到南歐設定兩個目標，就是好好去參觀教堂和博物館。當我懷抱著「實現夢想」的心願，夢想就給我無窮無盡的力量，可以說夢想的力量最大。只要心中有一個非得實現不可的夢想，別說英文不通，就算是更大的困難，我們也會督促自己去把困難通通克服！

在2020年全球疫情大爆發以前，我總共去過五十六個不同國家，等到疫情消退，我給自己訂下了一個人生目標，就是這輩子要跑遍超過七十個國家。我非常感謝上帝，給了我這樣一顆充滿好奇的心，我總是想要見識截然不同的景色，認識那些生活在不同國家的友人。我相信，只要帶著好奇心跟求知慾，每一趟旅行都能夠滿載而歸，並且成為生命中最珍貴的美好回憶。

創意無限的大比薩

世界的盡頭 羅卡角是歐陸最西端

趙銀環生平年表

1948年，彰化縣秀水鄉金興村趙厝出生。

1955年，就讀陝西國小。

1958年，就讀花壇初級中學。

1963年，屏東順發汽車材料行當學徒。

1964年·就讀屏東商業職業學校夜間部。

1971年，金門汽車連當兵，職位是材料補給士。

1973年，退伍回到花壇。

1973年，上台北到成衣工廠工作。

1973年，因腎臟病回彰化。

1974年，於花壇自行創業，從事汽車腳踏墊加工。

1975年，與妻子劉妙芳結婚。

1975年，長子趙純賢出生。

1976年，次子趙純立出生。

1976年，成立「國際工業社」。

1978年，女兒趙純君出生。

1978年，前往美國林奇堡學院（Lynchburg College）進修。

1985年，妻子劉妙芳當選花壇鄉鄉民代表。

1989年，成立「底特律汽車公司」，專營進口汽車。

1991年，成立「金元寶汽車防鏽工作室」。

1994年，跟弟弟趙銀重分家，落腳今日據點，開始建廠。

1994年，擔任彰化縣花壇愛心慈善會會長。（政府立案第一屆）

1995年，擔任花壇國際獅子會會長。

1996年，成立「高仕汽車精品股份有限公司」。

1998年，參選花壇鄉長。

2001年，成立「歐拓汽車用品有限公司」，於中國寧波餘姚設廠。

2001年，擔任彰化縣趙姓宗親會理事長。

2003年，成立「台卜丫汽車用品公司」，於中國上海成立。

2006年，登玉山。

2007年，泳渡日月潭。腳踏車環島勇士。

2013年，改變信仰，花壇基督長老教會受洗。

2014年，五嶽之旅。

2015年，三山之行。

2016年，南歐自助旅行（用9萬5千元完成33天背包客之旅）。

2019年，擔任中華趙族宗親總會會長。

國家圖書館出版品預行編目

跌跌撞撞精彩人生：趙銀環的生命見證 =
Witness of life / 趙銀環口述；林運鴻執筆.
-- 臺北市：致出版, 2023.12
面； 公分
ISBN 978-986-5573-69-0(平裝)

1. CST: 趙銀環 2. CST: 傳記

783.3886 112018811

跌跌撞撞　精彩人生

趙銀環的生命見證

作　　者／趙銀環（口述）；林運鴻（執筆）
出版策劃／致出版
製作銷售／秀威資訊科技股份有限公司
114 台北市內湖區瑞光路76巷69號2樓
電話：+886-2-2796-3638
傳真：+886-2-2796-1377
網路訂購／秀威書店：https://store.showwe.tw
博客來網路書店：https://www.books.com.tw
三民網路書店：https://www.m.sanmin.com.tw
讀冊生活：https://www.taaze.tw

出版日期／2023年12月　**定價**／250元

致 出 版　**向出版者致敬**